MMANỤ E JI ERI OKWU
(IGBO PROVERBS) Agba nke mbụ

Rev. Fr. Dr F. O. F. Onwudufor

1

IKIKERE ©
Rev Fr Dr F.O.F Onwudufor
Nwafor Orizu College of Education,
Nsugbe.
Phone: **08037866160**
e-mail: frfof@yahoo.co.uk

> **Mbịpụta Mbụ 2007**
> **Mbịpụta Abụọ 2008**
> **Mbịpụta Atọ 2013**
> **Mbịpụta nke Anọ 2015**

Illustrator: M.M.M Okpala

ISBN: 978 – 978 – 52342 – 7 – 5

Printed and Published
Rex Charles and Patrick Ltd.
Booksmith House, Harmony Place
P. O. Box 575 Nimo, Anambra State
Phone: 046,308142, 08080608127

OKWUMBUZỌ

Akwụkwọ ilu a bịara mgbe a tụrụ anya ya. Mgbe ọtụtụ ụmụafọ Igbo ejighịzị asụsụ ha akpọrọ ihe ọbụla. Mgbagha adịghị ya ma a sị na asụsụ Igbo so n'asụsụ kacha were nwee ihe ụtọ. Ilu bụ otu nime ha. Ọ bụ ya bụ amamihe ndị Igbo. Ọ bụ nnukwu ihe ịtụnanya na akwụkwọ ọma dị otu a nakwa ọke nhazi so ya si n'aka ụkọchukwu were pụta. Ihe dị n'akwụkwọ a adịghị mma ịkọrọ onye agụghị ya agụ n'ihi na onye na-ama atụ adịghị akọwatacha otu ihe siri dị. Onye dere akwụkwọ a abụghị naanị ụkọchukwu maọbụ ọdee, kama ọ bụkwuazị ezi nwafọ Igbo ñụrụ ara nne ya.

Aguọla m akwụkwọ a. Ihe dị na ya buru ibu. Ọ ga-enyere ndi agbọ ọhụrụ aka ịnweta ọnwe ha mgbe ha na-eche na ịsụ Igbo bụ ihe e ji amata onye amaghị nke a na-akọ. Obodo enweghị asụsụ nke aka ya nwụrụ anwụ n'onwe ya.

Obi kara m aka igosi ọhanaeze akwụkwọ a nakwa ikwado ya. Ana m ariọ otu dị iche iche nakwa nd[aka ji akụ ụmụafọ Igbo na ndi ọchịchị Alaigbo nakwa ndị agụmagụ maara ahụ ka ha ñomie ma kwado onye dere akwụkwọ a na ndịozọ dị ka ya. Nke a ga-enyeaka iji mee ka asụsụ Igbo wudo nkeọma ma ugbu a ma ọge dị n'ihu.

Obu Ọfọ Nri Palace,
Enugwu Ukwu,Ụmụnri,
Anambra State, Nigeria.

His Majesty,
Igwe Osita Agwụna 111
Igwe Ụmụnri Na Eze Enugwu Ukwu
Traditional Authority,
Enugwu Ukwu,
Clan Head, Ụmụnri Clan. 2007

OKWUNKỌWA

E dere akwụkwọ a malite n'afọ 1978 ruo n'afọ 2007 nke pụtara afọ iri abụọ na itoolu. Ọ bụrụ na I jee be ọkenye a sị gị na ọ jewere ịgba nnụnnụ, Ị mara na nnụnnụ ọkenye chịịrị ụta na ekpu gawa ịgba, ọ bụghị ugo, ọ bụrụ okpoko. Ihe o jiri wee ọtụtụ afọ dị otu a bụ na ọ bụ ilu Igbo niile, Enugu, Anambra, Ebonyi, Imo, Abia na mpaghara ala Igbo ndịọzọ. Ilu ndị e ji ndị mmụọ were tụọ, ọnyeara, ọkụkọ, agụ, mbe, nkịta, edi, ọke wee dịrị gawa. Ihe ọzọ mere o jiri wee oge nke ukwuu bụ na ọ bụ ilu a kpatara na mkpa, otu otu n'ubi. Ọ bụghị ihe e kpokọtara ekpokọta.

Onye sịrị na otu okwu abụghị ihe, o ruo ebe mmadụ nwụrụ ya kwuo na ọ bụ ya gburu onye ahụ nwụrụ. Ilu bụ ọtụtụ okwu e mere ka ọ dị nkenke nakwa okwu dị nkenke e mere ka o buo ibu. Ọ bụ amamịhe ndị mgbe ochie nke a nọdụrụ ala pịakọọ banyere ije elu ụwa. O sitere n'ihe ndị ha nụgoro na ntị, ndị ha hụgoro anya, nke ha chere n'echiche, nke ha gabigara na nke ha na-atụ anya ya n'ihi na ahụsiem anya na-enyere nwadibịa aka icho afa. Ilu bụ akpa uche a rọrọ banyere otu ihe si aga n'ụwa nke a chọpụtara site n'ịtọ anya n'ala n'ihi na ọ bụ onye tọrọ ntị n'ala na-anụ ụrịa danda. Akpauche niile ndị a ebidoghị taa. Ọ bụ ihe e lechara anya were hụ na ọ bụ eziokwu na-enweghị mgbagha. Ọ dịghị onye pụrụ ịgbagha ilu.

Ihe e ji ya eme dị ọtụtụ. E nwere ike iji ya kụzie ihe, dọọ mmadụ aka na ntị maọbụ maa ọkwa. E nwekwara ike iji ya kwupụta ihe nwere ike ime echi tinyere ihe ndị ọzọ. Ọ bụ ihe ndị Igbo ji achọ okwu mma iji were gosi ọkaibe na nghọta, nhazi okwu, ịcheta ihe nakwa ihe ido anya banyere ọmenala. Onye adịghị aghọta ilu ka a na-akpọ ọfeke. Oge ụfọdụ ndị maara ilu nkeọma ji ya etigharị ụmụaka na ụmụnwaanyị anya. Ha jikwa ya aghọgbu ọfeke ma kpukwaa eziokwu ihu n'ala. Ime otu a adịghị mma n'ihi na o soghị na ebumnobi ndị wepụtara iluigbo.

4

Okwu e jiri ya kwuo nke dabara adaba na-ehi ụdụ ma kwụrụ chịm. Onye kwụrụ ya enwee ugwu na nsọpụrụ. N'aka nke ọzọ, ilu e tinyere n'ebe ọ dabaghị na-atọ ọchị ma na-ewetara onye tụrụ ya mkparị, ịhere na nleda anya. Ọ nwekwara ike ime ka okwu e kwuru n'ụdị a nwee nghọta rere ure. Ihe ndị a ga-emebizị ebumnobi onye kwuru okwu ahụ. Kama ilu agaghị adaba nkeọma ka a hapụ itunye ya ma ncha. Onye kwesịrị ka ọ ghọta ilu ma ọ ghọtaghị, ọ dịghị onye na-emere ya ebere n'ihi na a ga-agwa ya na ego e jiri lụọ nne ya lara n'iyi. Ihe kara ha obi bụ ilu ahụ nke kwuru na onye ọbụla nke ịhere megburu n'ọgbọ egwu na a adịghị ejere ya ụlọakwa.

Ihe ọbụla e jiri were mere isiokwu n'ilu nwere ike ịkpa agwa dịka mmadụ site na ikwu okwu, ịga ọrụ maọbụ ịkpa agwa ndịozọ dịịrị ụmụ mmadụ. Ya mere na ị nwere ike ịhụ mbe, ọhịa, ọchịchịrị, nkịta, okwute, ite, ikuku na osisi ka ha na-akpa agwa dịka onye dị ndụ. Ha adịghị ndụ kama ha nọchiri anya ụdi mmadụ dị iche iche nọ n'elu ụwa n'ihi na ọ bụ okwu ka e ji ekwu okwu.

Akụkụ Igbo dị iche iche nwere ilu ka mpaghara be ha siri dị. Ụfọdụ ka nke ha gbasara ugwu, okwute, osimiri, ọke, ngwere, osisi, ọkenye maọbụ azụ wee dịrị gaba n'ihi na nkụ dị na mba na-eghere mba nri. Ilu niile Igbo nwere adịghị n'ime akwụkwọ a n'ihi na ilu Igbo adịghị agwụ agwụ. Onye mkpata adịghị akpatacha akụ, onye nricha adịghị ericha ya. Ka ọge na-aga ka a na-achọpụta ndị ọhụrụ, ndị e chefuru echefu nakwa ndị amabugh[na ha dị. Ụtọ ya nakwa uru ọ bara na-abawanye mgbe ọ bụla chi jiri ma fokwaa. Oku nke m na-akpọ ugbu a abụ ka ndị ọbụla wetaba nke ha jiri were biri ka anya kedo ya n'ọba ma ndị e chefuru nakwa ndị amabughị na mbụ.

Ilu bụ ọmenala nke anyị agaghị ekwe ka ọ nwụọ. Ọ gakwaghịnụ anwụ anwụ. Mkpa ya na uru ya karịrị akarị ọ kacha na ọge ugbu a mgbe enu oyibo na-atọpụ anyị na ụmụ anyị akwa n'ukwu. Ka anyị cheta nkeọma na onye tụfuo opi o ji akpọ nna ya nwụrụ anwụ ọ ghaghị iji ụrịọm aka were kpọbazịe ya. Taa bụ ije, akụkọ ga-adị echi. Ihe ọma adịghị agwụ agwụ.

5

E mere ka ilu dị n'akwụkwọ a nwee nghọta anọ nke dabara na a, b, c, d. Nke ọbụla n'ime ha nwere ọrụ nke ya. 'A' bụ maka ilu n'ọnwe ya; 'b' bụ maka ihe mpụtara ya n'olu bekee; 'c' bụ maka mpụtara ya n'olu Igbo, 'd' bụzị maka mpụtara ya n'olu bekee. Akwụkwọ a dị isi iri isii na ise. Nke ọbụla n'ime ha ji isiokwu nke ọ na-akọwa nke I ga-enweta ọtụtụ ilu n'okpuru ya nke na-akọwa isiokwu ahụ. Ọ metụrụ ihe dị iche iche na ndụ eluwa. Ilu niile dị n'akwụkwọ a dị naarị asatọ na iri isii na otu.

Rev. Fr. Dr. F.O.F Onwudufor (Ụkọchukwu Osebụrụwa)
Nwafor Orizu College of Education,
Nsugbe.

OKWUMMALITE

Ọtụtụ mmadụ akọwaala ilu n'ụzọ dị iche iche. Ụfọdụ kọwara ya dịka amamịhe sitere n'aka ọtụtụ mmadụ nke otu onye si na ya egosipụta amamịhe nke aka ya. Ndịọzọ hụrụ ya dịka echiche na amamịhe nke ọtụtụ afọ na ọtụtụ ọgbọ nke a chịkọtara ọnụ n'otu usorokwu. Nkọwa ndị a gbadoro ụkwụ n'ọkpụrụkpụ ihe abụọ. Nke mbụ, e ji okwu ọlemọle a pịrị aka were na-atụ ilu. Nke abụọ, ọ bụ usorokwu ọdịnala e ji egosipụta amamịhe. Ihe ọzọ dị mkpa n'ịtụ ilu bụ iji ya kwuo okwu mgbe ọ dabara adaba kpọmkwem. Iji maa atụ, otu ilu sịrị na ọ bụ aka na ikpere ala ka nwa ewu ji aṅụ nne ya ara. Nke a bụ ihe a na-ahụ na-eme eme mgbe niile ma mgbe ọ ga-abụ ilu bụ mgbe e kwuru ya iji gosi mmadụ ịwetu onwe ya ala ka ọ were nweta ihe dị ya mkpa.

Nghọta ilu dị mkpa nke ukwuu. A sịrị na a tụọrọ ọmara ọ mara ma a tụọrọ ọfeke, ọ fenye isi n'ọhịa. A na-ekwukwa na onye a tụọrọ ilu kọwaara ya na ego e jiri lụọ nne ya lara n'iyi. Ihe nke a pụtara bụ na mmadụ maara ọdịnala ya kwesịrị ịghọta ilu. Aga m asị na e nwere nghọta abụọ maka ilu ọbụla. Ha bụ nghọta nkịtị na nghọta ndaba ọ dabara n'usoro okwu e ji n'aka. Ka m were ihe m hụrụla mere eme were nye ọmụmaatụ. Otu onye ọchịchị agbada nke ndị uwe kakị tụrụ mkpọrọ mgbe ha weghaara ọchịchị gwara ndị obodo ya bịara ịnabata ya mgbe a tọpụrụ ya na mkpọrọ sị "Ogwumagala sịrị na ya agaghị eji n'ihi na ọkụ na-agba agụ were hapụ ije ọgaranya nke ya mụtara n'aka nna ya". Nghọta nkịtị ya bụ na ogwumagala agaghị eji maka na ọkụ na-agba agụ were hapụ ụdị ije doro ndị nne na nna ya ha anya. Nghọta omimi ya bụ na onye ihe marala ahụ adịghị agbanwe agwa a sịgodu na ihe siri ike nke ọjọọ. Nghọta si n'okwu e kwuru. Onye kwuru okwu a na-egosi na ya ga-aga n'ihu na ndọrọndọrọ ọchịchị na ịchọ ọdịmma na agamnihu ndị obodo ya n'agbanyeghị mgbanwe ọchịchị na nsogbu so ya.

Tụkwasị n'ihe ndị a, uru ilu bara dị ukwuu. Ndigbo kwuru na ilu bụ mmanụ e ji eri okwu. Mmanụ na-eme ka ihe oriri dị ụtọ, dị nro

7

ma dịkwa mma ile anya. Otu a ka ilu dị n'okwu e kwuru ekwu. Ma a kpachanyeghị ya ilu ọ dị ka a na-eri ọgwụ. Okwu tara akpụ maọbụ nke ga-eweta igbu mma maọbụ ịlụ ọgụ, onye ọ ka okwu were ilu dabara adaba tụnye ya, kama ọgụ ga-ada, mmadụ niile adapụ n'ọchị.

Ilu bụ ụzọ kacha mfe e si adụ mmadụ ọdụ, aba mba, ekpe ikpe werekwa eme ka onye mpako dajụọ. Onye maara atụ ilu na-enwe ugwu na nsọpụrụ. Ọ bụ onye e ji eje mba. Ebe onye maara ilu jere laa, ọfeke jee ya, ọ daba n' ọnya. Ilu na-eweta ọñx, obi xtọ na ọch[mgbe ọbxla e chere na ihe emebisiela. Ilu na atụmatụokwu ndịọzọ gakọọ n'agụmagụ e dere ede maọbụ nke a gụrụ n'ọnụ, ebube na mmasị akwụkwọ ahụ na-apụta ihe. Ọ bụrụ na ị gụọ akwụkwọ Tony Ubesie larala mmụọ, maọbụ Ọmenụkọ, Ị ga-echezọ ihe oriri gị ruo mgbe Ị gụchara ha. Abalị emeela atụrụ ọ dịka o puru mpi. Ọke ịsụ na ime bekee emeela anyi ihe. Amamịhe na nghọta e jiri mara ọhanaeze ndị Igbo na-achọ ka o funahụ anyi. Ọ bụ n'ihi nke a ka anyi ji ana onye depụtara ilu ndị a aka.

Levi O. Igwe
Dept. of Linguistics,
Nnamdi Azikiwe University,
Awka.

NDỊ E KELERE

Ọ bụ aka mere azụ ọ gbakọọ. Ọrụ akwụkwọ a abụghị ihe a malitere taa o bie taa. Ọtụtụ mmadụ gbara mbọ dị ukwuu iji mee ka ọ nwee isi. Ọ nwere ndi dị mkpa na e kelere ha n'ihi na e kelee nwaanyị gwọrọ akịdị, ọ gwọọ ọzọ.

Aga m ekele Eze Obinigwe bụ Onye kere mmadụ nye ndụ na amamihe e ji eme ihe niile. Archbishop Val Okeke nke Onitsha maka nnukwu nkwado ya. Rev Fr Victor Ifeanyi na-akụzi na Blessed Iwene Tansi Seminary dị na Onitsha ga-anara ekele maka ngụgharị na ikikere nke gaa n'ihu. Onye ọzọ bụ Rev Fr Clem Aghadịnụnọ bụkwa onye gụgharịrị akwụkwọ a. Rev Fr Anthony Echiegu nke Abakaliki Diocese maka ngụgharị nke ya na alo dị mma nke nyere aka na nhazi akwụkwọ a. Rev Fr PeterPan ga-ahara ọke ekele maka inye aka n'ihe e sere ese dị n'akwụkwọ a nke ọ malitere na Seat of Wisdom Major Seminary, Owerri ọtụtụ afọ gara aga. Ekele m gaara Mazị Michael Ngoesi nke All Hallows Seminary, Onitsha maka ngụgharị miri emi na nhazi nke Igbo izugbe ka o zuo ike na ndokwa. Aga m ekele nna mụrụ m bụ Ichie Adama nke Eziowelle bụ onye ilu ya batara n'akwụkwọ a ọtụtụ. Ekele m Mazi Mike Obidi Okpala onye nkụzi ihe ọsịse na Nwafor Orizu College of Education, Nsugbe. Ọ bụ ya haziri azụ akwụkwọ a na ihe ụfọdụ e sere ese n'ime ya. Ndị m ekeleghị ekele nke ha kachaa nke ndị ọzọ. Onye ọzọ bụzị Barịsta Godwin Omeh, onye si Nsukka. Ọ nyere aka buru ibu. Ka Chukwu gozie ha dum.

9

NCHETA

I. Oseburuwa – Onye kere eluigwe na ala

II. Achibishopu Val M. Okeke – Onye akwukwo a putara n'ochichi nke ya

III. Ichie na Lolo Augustine Adama Onwudufor – ndi muru m

IHEDỊNAYA

ISI NKE MBỤ

UGWU NA NSỌPỤRỤ

(Honour and respect)

Ọ bụ ihe dị mma, bara uru ka a na-akwanyere ugwu na-enyekwa nsọpụrụ. Mmadu kwanyeere onwe ya ugwu na-enwe nsọpụrụ. Onye rere ugwu ya, etufuola nsọpụrụ ya. Obodo maọbụ ezinaụlo nsọpụrụ adịghịị, ọ bụrụ ọgbọ agha. Ihe ụfọdụ nwere ike iwetara mmadu ugwu na nsọpụrụ bụ ezi ọmụme, ịbụ okenye, ikwu eziokwu nakwa ime ihe n'oge.

1.A   *Ụtara dara n'ala adịghị asọ aja.*
    b.   The pounded foofoo that falls on the ground does not go without sand.
    c.   Onye budara ugwu ya n'ala aghaghị inweta mkparị na nleda anya so ya.
    d.   Anyone who disgraces himself through misconduct must not complain when he receives insults.

2.a   *Anụ ụlọ adịghị atụ nkịta egwu.*
    b.   No domestic animal is afraid of a dog.
    c.   Onye maara mmadu nke ọma adịghị enyecha ya nsọpụrụ rubere ya.
    d.   A hero is often dishonoured in his own family.

Anụ ụlọ adịghị atụ nkịta egwu

3.a   *Ogologo okpu na-aka mma n'isi onye nwe ya.*

b.   A long cap fits the head of the owner best.
c.   Ọ dịghị onye na-ekwe na ihe ya abụghị nke kacha mma.
d.   No one condemns whatever belongs to him even when he has no basis to promote it.

4a. *Anyike na-aka mma na be onye nwe ya.*
b.   It is better for an axe to be found in the owner's house.
c.   Ọ na-aka mma ka ọ bụrụ n'aka mmadu ka ihe ya nọrọ were mebie.
d.   It is better if a property got damaged when it is in the owner's custody.

5a. *Okokporo kwanyere onwe ya ugwu, a jụọ ya kedụ maka ụmụaka ya.*
b.   When a bachelor carries himself with honour, people may be tempted to ask him about the welfare of his children.
c.   Mmadu nwere ike iji ezi obi gbanwo ajọ ọnọdụ ya ka ọ wetara ya ihe obiụtọ.
d.   A person through good will can change his misfortune into blessing.

6a. *A hụ dike e bie ábịà*
b.   When a hero appears, the *abia* music is normally halted to honour him.
c.   Ọ bụ ihe mmadụ rụpụtara ka e ji n'ihi ya akwanyere ya ugwu.
d.   Honour is only given to the person who deserves it.

7a. *A dịghị eri ọgaranya n'aha.*
b.   One does not answer a rich man merely as a nickname.
c.   Onye chọrọ ịdị ukwuu ga-adị nkwadebe ịrụsi ọrụ ike.
d.   Nobody achieves greatness by mere wish.

8a. *A dịghị anọ n'ihu ọnya egbu ijiji.*
b.   The housefly is never killed right on the face of the sore.

c. Ọ dịghị mma ịta mmadụ ụta n'etiti ọha ebe ọ ga-egbu ya mmụọ.

d. Certain things require prudence to avoid further damage.

9a. ***Ọ bụ okenye nwụchara, ụmụaka were nwerezịa ịta ikikereze***

b. It is only that elders have died out, that children have taken over the gnashing of teeth.

c. Mgbe a hụzịghị onye na-eme ihe nke ọma onye ọbụla emewezịa otu ọ nwere ike.

d. When qualified hands are not available, people of less competence take up the responsibilities.

Ọ bụ okenye nwụchara, ụmụaka were nwerezịa ịta ikikereze

10a ***Ọ dịghị mma ike ọke ji n'azụ ọba.***

b. It is not attractive to hang first class yams at the back of the barn.

c. Ihe ọma adịghị mma ka e zoo ya ezoo.

d. Good things advertise themselves as they are not meant to be hidden.

11a. ***Ka a na-ele okenye na-azọcha agịrị afọ ọkụkụ, ka a mara ma ọ ga-achịnyekwa ya ụmụaka ka ọ bụ ya ga-eri.***

b. One should only continue to watch an old man preparing the intestine of a fowl, to see whether he meant it for children or for himself.

c. Ihe ọbụla onye ukwu mere n'obodo na-abụ ihe onye ọbụla na-enyocha nke ọma ka a mara ihe o bu n'uche.

d. Any respected personality is expected to be above board.

12a. *A sọkarịa eze anya e kpuru nkata n'isi were gwa ya okwu.*

b. When a king has been tolerated for a time, someone who has covered his face may challenge him.

c. A sọkarịa onye na-eme ihe ọjọọ anya, otu ụbọchị a tụọ ya mmehie ya n'ihu.

d. One should not continue to support a person to the point of concealing his fault.

13a. *Ọ bụ n'ọnụ nwadibịa ka ọ na-ebi, ọ dịghị ebi n'ọnụ ofeke.*

b. It is the diviner that normally has the final say and not the simpleton.

c. A dịghị eji okwu onye enweghị uche eme ihe ọbụla.

d. Wisdom takes precedence over folly.

14a. *Azụ ite sịrị ọkụ na okenye adịghị mma ile ihe dị oji oge niile.*

b. The back of cooking pot tells the fire that it is not wise for an old man to mope at any black object he sees.

c. Agwa ọbụla mmadu toghara dị mma ka ọ kwụsị ịkpazị ya.

d. Anyone who advances in years is also expected to match it with maturity in character.

15a. *Asọ ga-adịrị nwa ọkwa n'ihi na nna ya so nwere ọhịa.*

b. A young partridge should also be respected because his father is a co-owner of the forest.

c. Onye nna ya nwere nnukwu nsọpụrụ na-eketa oke n'ihe ugwu nna ya.

d. One shares in the dignity and rights of one's father.

16a. *Anyammiri okenye na-acha nzú nzú.*
    b. The tears of an old man appears in the colour of a chalk
    c. Ọ dịghị mma ime okenye ihe ọ ga-eji were tụọ arịrị maọbụ nwee ọke mwute.
    d. It is bad to agonise an old man.

17a. *Ji na abana adịghị azọ ihu ọbá*
    b. A good yam and water yam do not struggle for position in the frontage of the barn.
    c. Mmadu na onye karịrị ya adịghị mma ịzọ aka iwu.
    d. It is good for a person to take only his proper position.

18a. *Nwaanyị gbakarịa di ya n'ụzọ ụtụtụ ihe chere di ya n'ụzọ ewere ya.*
    b. The woman who always struggles to leave the house every morning before her husband may run into a danger that may be lurking for him.
    c. Mmadụ ekwesịghị ịchọ ihe n'ike n'ike n'ihi na ọ nwere ike ibutere ya ihe ọdachi.
    d. An inordinate pursuit of certain missions can lead to an avoidable tragedy.

19a. *Ọ dịghị mma akpa ezughị ndị dibia, ofeke anyara abụọ.*
    b. When career diviners are lacking professional bags, a simpleton should not move about with two.
    c. Ihe dị ụkọ adịghị mma ka a asị na ọ nwere nke a lara n'iyi.
    d. One should not be wasteful especially in time of scarcity.

Ọ dịghị mma akpa ezughị ndị dibia, ofeke anyara abụọ

21

20a. *Mmanya ka okenye ji emo afọ mana nwata ji nri emo nke ya.*
  b. An old man develops potbelly by taking palm wine but a child forms his own by eating food.
  c. Ihe mmadu mere mgbe oge ya ruru abụghịịrị ihe ụta.
  d. A person normally defends his social status by what he has.

21a. *Ọ bụ okokporo tọrọ onye nụrụ nwunye.*
  b. It is a bachelor that is senior to the married man.
  c. Ọ bụ mmadu tofee otu ọnọdụ o tokwuru ọnọdụ ọzọ.
  d. One attains a status after he had outgrown the other.

22a. *A hụghị nwoke n'ubi a rịọ nwaanyị ji.*
  b. A request for yam could be made of a woman when there is no man in the farm.
  c. Otu ọ masịrị mmadụ ya hadebe ọ nwere mkpa ọ ga-egboro ibe ya ma mgbe oge ya ruru.
  d. Everything has its own usefulness at the proper time.

23a. *Eze na-eze obi ya.*
  b. The presence of a king dignifies his court.
  c. Ihe ọjọọ ụfọdụ adịghị mma ka ọ mee oge dimkpa nọ n'ụlọ.
  d. The presence of a man of valour has a lot of preventive influence.

24a. *Ugwu eze bụ ndị ọ na-achị.*
  b. The glory of the king lies in his subjects.
  c. Inwe ndị nkwado dị mkpa ọbụladị n'ebe onyeukwu nọ.
  d. Human support is a great asset.

25a. *Iko ka ọfeke ji añụ mmanya, mpi atụ bụ ihe e chiri echi.*
  b. A simpleton drinks with an ordinary cup but a buffalo's horn is reserved for titled men.
  c. Ịtajiri mmadụ anya n'ihe rubere ya adịghị mma, otu ọ bụ na ebe mmadụ rudebere ka ọ na-eridebe uru.
  d. A person reaps according to his achievements.

26a. *Nwata hụkarịa enyi nne ya o gbuo ya mmaekwu.*
   b. Much regular visits often makes a child to strike his mother's friend with a kitchen knife.
   c. Onye mee onwe ya ihe ụkaọchị, ya chekwaa aka nara mkparị.
   d. Too much familiarity breeds embarrassment and disrespect.

27a. *Diochi gbara ọtọ were rịa nkwụ, ihe ọ na-eteta na mmanya adịkwaghị atọ ụtọ.*
   b. Whenever a wine tapper climbs a palm tree naked, his palm wine loses taste and and appeal
   c. Onye ehighị aka n'anya mgbe ọ na-eme ihe ụfọdụ n'ihu ọha, ọ mebie aka ọrụ ya.
   d. When an attractive thing is handled in an undignified manner, it can easily lose its usual appeal.

ISI NKE ABỤỌ

NCHEKWUBE NA ỌLỊLEANYA

(Hope and expectation)

Nchekwube bụ ọlịle anya ihe ọma ga-eme na ndụ mmadu. Ọgbenye na-enwe nchekwube na otu ụbọchị ya abụrụ ọgaranya. Onye nọ n'akwa ọrịa na-enwe nchekwube na otu ụbọchị ahụ adị ya mma. Nwa agbọghọ na-enwe ọlịleanya na otu ụbọchị ya abụrụ nne bi n'ụlọ nke aka ya, nwee di na ụmụ. Ndị bụ ụmụ Chukwu na-enwe nchekwube na otu ụbọchị ha abaa n'alaeze eluigwe. Mgbe nchekwube gwụrụ, ndụ agwụ. Ichekwube mmadu na-eweta ọdachi na ngharịpụ.

28a. *Anya kpọrọ akpọ anaghị n'iyi n'ihi na ọ ka dikwa n'isi.*
   b. A blind eye is not totally wasted because it is still inside the head.
   c. Ọtụtụ ihe e chere na ọ lachaala n'iyi ka nwechakwara uru ọ ga-aba
   d. Some damaged valuables can still be put into some use.

29a. *Chi kere nwa agụ agaghị ekwe ka ọ taa ahịhịa.*
   b. The god that created the tiger will never allow it to feed on grass.
   c. Onye ya na chi ya dị na mma ihe isi ike adịghị egbu ya.
   d. Suffering can hardly crush one who enjoys the favour of providence.

30a. *Ọke ọhịa kaa nka, ọ ñụba ara nwa ya.*
   b. When a bushrat gets quite old, it will begin to suck the breast of its own offspring.
   c. Onye zụchara nwa kwesịrị ka nwa zụọ ya onwe ya.
   d. Old parents deserve the care of their children.

31a. *E jide ibe ji n'aka, a saa aguu okwu.*
 b. One can challenge hunger only when he holds a piece of yam in the hand.
 c. Onye nwere ihe o chekwubere ka obi na-aka ibuso ndiiro ya ogu.
 d. A person is better encouraged to face his enemies when he has sufficient weapons at his disposal.

32a. *Nwamkpi siri na ihe ya choro bu ka a gooro ya ofo ndu na o bughi maka ito ogologo n'ihi na tupu onye nwuru anwu aputa uwa ozo, onye di ndu aghaghi ito ogologo.*
 b. The he-goat says it is interested more in the divination for long life and not for gaining height for the living must surely grow tall ever before the dead can come back to life.
 c. Onye nwere uche na-ebu uzo choba ihe ka ibe ya baa uru tupu o choba ihe na-eso ya.
 d. It is more rewarding to go after things of higher value first before pursuing trifles.

33a. *Ngwere gbafee ukwu osisi aka akpara ya.*
 b. When a running lizard bypasses a tree, it must surely be caught.
 c. Onye obula hiri aka n'anya were lelia ebe enyemaka ya ga-esi bia n'oge nsogbu aghaghi ikwa m gaara mara n'ihe o mere onwe ya.
 d. One exposes himself to more dangers when he snubs a possible source of defence and hope in time of trouble.

34a. *Nwata erighi n'ihi nne ya, o rie n'ihi nna ya.*
 b. A certain benefit comes to a child either because of his father or his mother.
 c. Onye nwere otutu ndi enyemaka nwere isioma n'ihi na otu onye enweghi, onye nke ozo emeere ya.
 d. A person with multiple benefactors enjoys a better welfare and security.

35a. *Ihe abụọ adịghị eme nwagbọghọ n'otu oge, ọ nweghị isịọma ọ maa mma.*

  b. A spinster does not suffer two privations at the same time; if she is not a fortunate person, then she must definitely be beautiful.

  c. Onye ọtụtụ ihe kwanahụrụ ga-enweriri nke ga-erute ya aka n'ihi na chi mmadụ adịghị agbaba ya aka.

  d. There is always a consolation to fall back on, after all others seem to have been lost.

36a. *Ọ bụrụ na ọnwụ egbughị ji e jiri chụọ aja, ọ ghaghị ipu ọme.*

  b. If death does not kill a yam used for sacrifce, it must surely germinate.

  c. Onye ọbụla nwere ntachi obi na-edipụta ihe ọma.

  d. A man of positive endurance always has a cause to smile at last.

37a. *Chi nyere nwangwii ji ọwọm ga-enye ya mbazụ ọ ga-eji were gwupụta ya.*

  b. The god that offered an orphan a yam tuber in the swamp will certainly provide him with a special type of digging stick.

  c. Ihe ọbụla siri ike ga-enweriri ụzọ a ga-esi mee ya ọbụladị mgbe nchekwube adịghị.

  d. There is always twilight of hope even when hopelessness looms.

38a. *Ihe ọ masịrị ọkụkọ ya daba oke ọnụ ahịa, ọ nwebeghị onye ji nnụnụ were gọọ mmụọ.*

  b. Even with a very high cost of fowls in the market, no one has ever used a bird for sacrificing to the gods.

  c. Otu ọ masịrị ọnọdụ mmadu ya dị ọ kwesịghị ka ọ ghara inwe nwa nke ọ ga-eji were gboo ọbere mkpa ya.

  d. Even in the face of great hardship, one may still have enough to keep him going.

26

39a. *Ụsụ sịrị na onye nwere ọnụ na ịkè ekwesịghị ka ihe na-enye ya nsogbu n'afọ.*

b. The bat says that anyone with mouth and anus should not complain of stomach upset.

c. Onye nwere nnukwu uche na-eji ihe ndị mmadụ chere na ọ dịghị uru ọ bụla ọbara were na-egboro onwe ya oke mkpa.

d. A sensible man puts to better use whatever he has in order to solve his problems even what has been considered useless by others.

40a. *Egbugbereọnụ adịghị mma ka ọ nọrọ ka mmiri maa eze.*

b. The lips cannot afford to be present while the teeth are being beaten by rainfall.

c. Onye ọ bụ ọrụ ya ịchekwaba ihe ekwesịghị ka o lefuo anya oge ihe a hanyere ya n'aka na-ala n'iyi.

d. Negligence of duty is an offence that is difficult to be excused.

41a. *Ọ dịghị ihe ụkwara ga-eme nwaenwe kama ọ pịa ya naanị àgbà.*

b. Cough sickness cannot harm the monkey; at worst it can only make it develop a pointed mouth.

c. Ihe isike adịghị egbu mmadu kama ọ butere ya naanị ezughị ike nke ahu.

d. Hardship toughens people but does not kill.

42a. *Nwaanyị chekwube di ya, ọ were mma gbuwaa okwu.*

b. A woman with hope in her husband's might speaks with great confidence.

c. Onye chekwubere onye dị ike adịghị atụ egwu n'oge nsogbu.

d. One with a strong backing approaches trouble with great confidence

ISI NKE ATỌ

MMADU ỊTỤKWASỊ ONWE YA OBI

(Confidence in oneself)

Mmadu ichekwube ihe ọ nwere ike iji aka ya mepụta abụghị ajọ ihe. Onye maara ihe na-eji ịgba mbọ egbo ọtụtụ mkpa ya. Ọ na-eme ihe a tụrụ anya n'aka ya mgbe oge ya ruru. Mana nke ka nke onye na-enwe ịtụkwasị obi na Chukwu bụ onye na-eme mbọ niile ka ọ mịta mkpụrụ. Enyemaka ụfọdụ na-esikwa n'aka mmadu abịa – nne, nna, nwa maọbụ nwanne ọbụladị enyi. Mmadụ ichekwube naanị n'onwe ya adịghị mma. Ọzọ bụ na ụdị mkpebi a nwere ike ime ka mmadụ bụrụ onye ngala batara n'ime ya.

43a.   *Ọbụnadị oge nne amụbeghị ọchịagha, agha nakwarịị anụ.*

    b.   Ever before the army commander was born, people have been waging wars.

    c.   Ọ dịghị onye ọ ga-abụ a hụghị ihe ọbụla agaghị ekwe ọmụme.

    d.   There is nobody whose replacement cannot be found when he is no more available to play a particular role.

44a.   *Ji mee ka ọ na-atọka, a hapụ gbuo ede awaị.*

    b.   When yam starts boasting about its sweetness, one may choose cocoyam for portage.

    c.   Ọtụtụ oge mmadụ ewerela ngara were tụfuo ihe ga-abịara ya.

    d.   A lot of glory and affection goes to a humble man while a proud man is always resisted .

45a.   *Mgbe ụtaba apụtabeghị ọ nwebeghị onye azụzụ gburu.*

    b.   Ever before the discovery of tobacco, no one had ever died of catarrh.

    c.   Mmadụ kwesịrị inwe ndidi ma ihe ukwu mebinahụ ya n'ihi na ọ gbughị onwe ya mgbe ọ nwebughị ihe ahụ.

d. Splendid detachment from material things brings with it great peace of mind at trial moments.

46a. *E chekwube ogoli e rie n'ime abalị.*

b. One who relies on a woman to provide for him usually takes his supper very late.

c. Onye ọbụla chekwubere onye ume adịghị imere ya ihe adịghị enweta ihe ọ chọrọ oge o jiri chọọ ya.

d. A person who trusts in man for help should await gross and unexpected disappointment.

47a. *Onye gbara egwu ga-agbanwu abịa.*

b. Any one who can dance at all can always have the skill to dance to *abịa* (funeral drum).

c. Onye ọbụla wepụtara obi ya maka ime ihe dị ike, ihe ndị dị mfe agaghị ara ya ahụ.

d. Any person with sound skill can always accomplish both easy and difficult tasks.

48a. *Agaghị m asị anya ọgọ m nwaanyị akpọlaa n'ihi na m agaghi eji isi ya were dozie ụlọ m.*

b. My mother-in-law can go ahead and become blind since I am not going to decorate my house with her head.

c. Ọ gaghị ewute m na onye m tụụrụ alo anabataghị ya n'ihi na ọ nweghi ihe ga-efunahụ m ma ọ bụrụ na nke ọ họọrọ anyụ ya ahịa.

d. If one neglects my advice and goes ahead with his plans, I have nothing to regret since I will not partake in any possible misfortune.

49a. *Ụbọchị a mụrụ dike na mba ka a mụrụ ibe ya.*

b. The day a hero was born in a certain town, that same day another was born elsewhere.

c. Mmadu ekwesịghị iji ihe e nwere ike ịnweta ebe ọzọ were nyaa isi

29

d. What one man can do, another can as well do, as no one
    has any exclusive ability for doing anything.

ISI NKE ANỌ

EZIOKWU NA OKWUASỊ

(Truth and falsehood)

Eziokwu bụ ndụ ma okwuasị bụ ọnwụ. Eziokwu dị ka okwute nke na-adigide ọbụladị mgbe asị nwụchara. Eziokwu na-eweta udo, ọganiihu nakwa ọdịmma mmadụ na ibe ya.Okwuasị bụ ọgbaghara, enweghị ntụkwasịobi na agaghị n'ihu.

Ihe niile dị n'ụwa a nke dị mma gbadoro ụkwụ n'eziokwu. Ihe ọbụla nwere aha nke onye ọbụla maara bụ n'ihi na ọ bụ eziokwu. Ụwa a agaghị ekwe obibi ma ọ bụrụ na eziokwu adịghị n'ihe ọbụla.

50a. *A dịghị ahụchaa ọnụ nnụnụ na-ajụ kedụ ebe ọ si eri nri.*
   b. No one should be asking how a bird eats after looking at its beak.
   c. Ọ baghị uru a hụchaa ihe doro anya a kpachara anya na-ajụ ajụjụ.
   d. A self-evident case does not call for any elucidation.

51a. *Onye na-ekwu na anụ enyi ekweghị ọbụbọ ga-abụ eziokwu ma na ọ kweghị agwụcha agwụcha bụ okwuasị.*
   b. That the carcasses of an elephant are difficult to dismember is believable but that it cannot be finished can never be true.
   c. Onye na-ekwu okwuasị oge niile adịghị ama mgbe o kwuru ihe mmadụ agaghị ekweta.
   d. Certain claims are difficult to be sustained.

52a. *Dike matakata ụsụ ọ dịghị mma ka a sị na ọ matakwaghị.*
   b. After declaring that a hero has trapped a bat, it is not good to announce that he actually did not catch anything.
   c. Onye e nwere nsọpụrụ n'ebe ọ nọ kwesịrị ka okwu ya dị ịtụkwasị obi ma dịkwa ka e kwuru.

d. One who is highly esteemed is supposed to be a man of his word.

53a. *Agbara m ényí egbe bụ eziokwu ma enwudere m enyi n'ukwu bụ okwuasị.*

b. That one shot an elephant could be true but that he held it by the leg is a lie.

c. Ọ dịghị ara ahụ ịchọpụta mgbe mmadụ kwuru eziokwu nakwa mgbe ọ tụrụ asị.

d. Certain claims are too bogus to be true.

54a. *Ọ bụrụ na ọjị aghaghị ụgha, ọse agaghị agha ụgha.*

b. Provided the kola nut does not prove deceptive then the pepper will sure not be.

c. Onye ọbụla na-chọ ka mmadu na-emeso ya ọmụme ọma ga-ama na ya onwe ya ga-ekwesị ịtụkwasị obi.

d. Good co-operation and friendship often thrives on the principle of mutual honesty and trust.

55a. *Ọ na-abụ ike adịghị ngwere mụọ nwa ọ sị na ụmụnna ya kere ya agbụ.*

b. When a lizard is incapable of giving birth, it alleges that its kinsmen have put it in bondage.

c. Onye nabata na ihe ekweghị ya eme, a mara otu a ga-esi nyere ya aka, ọ bụghị ka ọ malite ịta onye ọzọ ụta.

d. A proud person does not admit failure easily but rather takes solace in passing bulk.

56a. *Ji eruka nwere ike ịbụ eziokwu ma na ọ kweghị egwupụta n'ala bụ okwuasị.*

b. That the yam yielded much could be true but that it cannot be dug out is not believable.

c. Otu ọ sọrọ nsogbu ya ha, ọ nweghị ka a hapụ ịhụ ụzọ a ga-esi so ya.

d. It can be very discouraging to exaggerate the magnitude of any problem.

57a. **Ebee ka eziokwu gara okwuasị jiri buru ya ụzọ?**

  b. Where was the truth when falsehood came first?

  c. Ezi ihe a gaara ime na mbụ adịghị ka e mee ya n'ikpeazụ mgbe ihe mebichara.

  d. A lot of avoidable damages is registered if a good step is taken late.

58a. *Agwọubi kwaa elu kwaa ala, anyi maara olu diọkpa ọkụkọ.*

  b. The cobra can crow heaven and earth but we can still decifer the crowing of a cock.

  c. Ihe ọ masịrị ihe ọjọọ ya baa ụba, ọ dịghị onye ga-ahụ ihe ọma hapụ ịmata ya.

  d. It is not difficult to point out a positive value even in a highly corrupt society.

59a. *E jịghị mbekwu dị ndụ agba afa.*

  b. A live tortoise is never good for divination.

  c. E jịghị ihe dị mma eme ihe enweghị isi.

  d. It is appropriate to adopt the right approach in the proper circumstance.

  e.

60a. *Ọ bụ okwuasị mmadụ ịsị na ènwèna-agbọ ka adaka.*

  b. It is falsehood for anyone to claim that a monkey barks like an ape.

  c. Ọ bụ ịleda mmadụ anya bụ iji onye ọ karịrị were maa atụ ya.

  d. It is not proper to compare two things that are not equal in any way.

61. *A chọba ebe nwamkpi siri bịa ụwa e jebe ikwunne ya.*

  b. Anyone who wishes to trace from where the he-goat came into the world should go to its grandmother's place.

  c. Ọtụtụ ihe mmadụ na-eme bụ ihe ọ mụtara n'aka ndị mụrụ ya.

33

d. The way a man behaves often has a lot to say about his background.

62a. *Du m zọba ala bụ naanị aha ahịhịa.*
b. Help me to fight for my land is only known to be the name of a weed.
c. Onye na-azọ ihe bụ nke ya adịghị ariọ enyemaka.
d. A person who is defending what duly belongs to him does not have a double mind.

63a. *Ngịga e kobere n'ọkụ abụghị nke anụ, ọ bụrụ nke azụ.*
b. The basket hanging over the hearth is either containing meat or fish.
c. Ihe mmadụ hiri aka n'anya were debe nke ọma nwere ihe ọ na-arụrụ ya.
d. Every property in a person's house is either for one purpose or the other.

64a. *Kpegbuo mmụọ kpegbuo mmadu kpegbuchaara, udele jupụta eluigwe*
b. When a person wins a case both in the land of the living and the dead, multitude of vultures usually appear in the sky to give testimony.
c. Onye eziọmụme na-enweta nnukwu nkwado na enyemaka n'oge nsogbu ga-adakwasị ya.
d. A righteous person always enjoys great support from all quarters in time of difficulty.

65a. *Onye ya na nwata kwụụrụ rie nkoto ejula adịghị mma ka ọ gọnahụ ya ụbọchị a ga-eri mpịọrọ.*
b. One who ate a giant snail with a child should not deny him on the day of eating the periwinkle.
c. Onye ya na mmadụ soro mekọọ ihe mgbe ihe dị mma ekwesịghị ka ọ gbahapụ ya mgbe ihe jọbara njọ.
d. It is not a friend who abandons his colleague when things begin to go tough and difficult.

66a. *Onye na-akọcha eze n'ihu ụmụodibo ya chọrọ ka eze nụchaa ihe dum o kwuru.*

b. Anyone who is abusing the king before his servants deliberately wants the king to hear all his criticisms.

c. Onye na-ekwu eziokwu adịghị atụ egwu ọbụladị mgbe onye ọ na-ekwu maka ya pụtara.

d. One who knows the truth should not be afraid to say it irrespective of anybody's feeling.

67a. *Ọ bụrụ na ikpe ma eziokwu mara na akaazụ dị ya.*

b. Whenever the truth is subdued, then there must be a clear case of bribery.

c. Ikpe ọbụla aghụghọ bara adịghị abụ ikpe ziri ezi.

d. Corruption promotes injustice.

68a. *Iyi adịghị adịchaa a na-añụ ọkụ.*

b. Nobody swears by empty earthenware when a good fetish oath is available.

c. Ihe mmadụ nwere ka o ji egboro onwe ya mkpa.

d. A man should not be in want in the midst of plenty.

69a. *A gaghị eji n'ihi na agụ na emeri enwe were kpọba ụdara nwaenwe ụdara nwaagụ.*

b. The monkey's apple should not be changed into tiger's apple simply because the tiger is stronger than a monkey.

c. Ọ dị mma ka ọnọdụ rute onye ọbụla ma onye ukwu ma onye nta.

d. Justice demands that one be given what is his due irrespective of his social status.

70a. *Ọ dị mma ka e kwere na arụ bụ arụ kama ka a ghara ịkpụ ya akpụ.*

b. It is better for an abomination to be identified and called by its name even if it is not cleansed.

35

c. Ọ dị mma mmadu ikwere na ihe dị njọ dị njọ n'agbanyeghị onye mere ya.

d. There is no justification for whatever that is evil.

ISI NKE ISE

IHE AGHAGHỊ IME

(Events that are inevitable)

Ihe ga-eme ga-emeriri. A dighi ejere ya na dibia. Otu n'ime ihe mmadụ maara na ọ ga-emeriri bụ ọnwụ. Onye biara ije ga-ala ala. Ọ kwesiri ka mmadụ nọrọ na njikere. Agha a kara aka adighi eri nwa ngwụrọ. Ọnwụ bụ ụgwọ onye ọbụla dị ndụ ga-akwụ. Ọ dịiri ma ọgaranya ma ogbenye, onye ukwu ma onye nta, ndị mara mma ma ndị jọrọ njọ. Ọ ga-eme otu ụbọchị. Ihe ndị ọzọ bụ mmiri udummiri, ọkọchị, chi ojiji na chi ofufo. Ihe ụfọdụ mmadụ chere na ọ ghaghị ime nwere ike mechaa hapụ imezi dịka ịba ọgaranya na ibi ogologo ndụ ma ọ bụghị n'ihe ndị a a kpọrọ aha. Ọ bụ ha bụ ọ magoro ọ were a na-ahụ n'isi ebule.

71a. *A gbachaa izù a kaara ntị.*
  b. Every whisper must eventually be disclosed to the ear.
  c. Ihe niile e zoro ezo ga-emechaa pụta ihe.
  d. Whatever is hidden must eventually come to light.

72a. *A gbachaa áfā a kaa ka afa sịrị waa.*
  b. After divination, the next thing is to declare what brought it about.
  c. A chọpụtasịa nsogbu, e wcrc kwubezịa ihe butere ya.
  d. The cause of the problem must be known even after removing it.

73a. *E bugharịa egwu e bugharịa ọnọdụ.*
  b. When the dancers shift position, the spectators also adjust their seats.
  c. Ọ dịghị ihe onye dị mkpa agaghị eme iji nweta ihe ọ chọrọ
  d. Anybody who is serious about what he wants must be ready to change his tactics when occasions demand it.

74a. *Onye na-achọ ágwù ezumezu ágwù ńsị̀ aghaghị ịma ya.*

b. Any person who goes after "agwụ ezumezu" may not eventually escape "agwụ nsị".

c.   Onye ji aka ya achọga nsogbu aghaghị ịchọta ụdị ga-akarị ya otu ụbọchị.

d. One who is not afraid of any danger may not be asking for a big one after all.

75a. *A dịghị ejeruo be mmụọ na-ajụ ma ndị nwụrụ anwụ ha nọkwa ebe ahụ.*

b. When one arrives the land of spirits, it is not necessary to begin to ask for dead people.

c. Ihe bara ụba, a dịghị achọ ya achọ.

d. Nobody will be surprised when things are found at the place where they are supposed to be located.

76a. *Nkịta rịrị akpakwuru nchị adịghị aghazị ịchụ nta.*

b. Any dog that has tasted the bowel of a grass cutter, will never stop hunting.

c. Ọ na-ara mmadụ ahụ ịnapụ ihe ọ na-eri na-atọ ya ụtọ ọbụladị mgbe ọ dị mkpa na ọ ga-eme otu ahụ.

d. Once one gets used to a particular habit, he finds it very difficult to discontinue it.

77a. *Ọ bụrụ na agadi nwaanyị nyụọ ahụrụ ma o sighị isi, i chezọọla na ọ na-ete ogiri.*

b. The flatus discharged by an old woman must surely stench or have you forgotten that she deals on castor oil beans.

c. Mmadu mee ọmụme dịka ihe e jiri mara ya ọ dịghị onye ọ na-agba gharịị.

d. A person who behaves true to expectation can hardly surprise anybody.

78a. *N'ime áfọ̀ ọnwụ ga-egbu dibịa anya ya adịghị ahụ mmụọ.*

b. In the year a diviner is destined to die, he loses the power of communicating with the spirit anymore.

c. Ike mmadụ nwere ebe ọ medebere, ihe ga-eme eme aghaghị imecha mezuo.

d. Certain events are destined by providence and must necessarily come to pass irrespective of all obstacles.

79a. *Ọ bụrụ na mmiri ebughi ọgwe n'ọjịje, o buru ya n'ụla.*

b. If flood does not sweep off the log bridge at the beginning, it surely does so when it is receding.

c. Ọ bụrụgodu na ihe ụfọdụ emeghị mgbe a tụrụ anya ya, ọ kanwekwara ike ime mgbe ọ dịghị onye na-ele anya ya.

d. There is always a punishment for every evil either immediately or afterwards.

ISI NKE ISII

ỊCHEPỤRỤ ONYE ỌZỌ

(Sympathy/ empathy)

. Ọ dịghị mma ka mmadụ na-eche maka naanị onwe ya. Isi ya bụ na ihe ọbụla metụrụ mmadụ metụrụ ibe ya. Mgbe mmadụ na-echere mmadụ ka onye ọzọ na echere ya. Anyị ga na-echepụrụ mmadụ n'ọnọdụ ọjọọ ọbụla ọ nọ na ya ma mara ụzọ a ga-esi nyere ya aka n'ihi na ọ dịghị onye maara echi. Ọ bụ n'ụzọ dị otu a ka e si amata onye bụ ezigbo mmadụ nakwa onye nwere obi ebere n'ọgbọ ndị obi tara mmiri.

80a.   *Akwa agbataobi na-echu ụra.*
b.   The wailing of a neighbour disturbs the night's sleep.
c.   Ihe metụrụ mmadụ emetụla nwanne ya maọbụ onye agbataobi.
d.   A common problem of the community touches many people one way or the other.

81a.   *Mmadụ adịghị agbachaa áfá ndụ tụtụrụ ọnwụ.*
b.   A person does not reserve death for himself after leading others in a divination for life.
c.   Ihe mmadụ mere onye ọzọ, ọ dịghị ihe ọ mere ma ọ meere ya onwe ya.
d.   One who labours for the good of others must also seek one's own welfare.

82a.   *Ebe ọkụ gbara mbekwu ji igwe were mere uwe, kedụzị maka ọkụkọ buzị ukwu ugbene?*
b.   In a place where fire destroyed a tortoise inspite of its iron shell, what would happen to the fowl that carries about a bundle of feathers?
c.   Ihe mekpara dike ahụ kwesịrị ka onye ike adịghị zee ya ndụ.

40

d.   A person who wishes to play safe must recognize the limit of his own power and capability.

83a. *Ihe a na-aⁿụchitere diochi bụ mmanya, ọ dịghị onye na-adachitere ya elu.*

b.   Every person may be willing to take the place of the wine tapper at a drinking session but no one may accept to crash from the palm tree on his behalf.

c.   Onye chọrọ iketa uru dị n'ihe ọbụla ga-adịkwa nkwadebe ịnabata ọghọm nwere ike iso ya.

d.   Everybody is prepared to share in the success and fortune of someone but very few may wish to identify with his risk and loss.

Ihe a na-aⁿụchitere diochi bụ mmanya,
ọ dịghị onye na-adachitere ya elu

84a. *Ada chịrị nwa enwe n'elu ka atanị na-ebere akwa.*

b.   The bushbaby is weeping because the monkey nearly fell off from the tree.

c.   Ihe mmadu maara eme imebinahụ ya na-eweta oke mwute.

d.   It is very painful when an expert makes a silly mistake.

84a. *Ọ dịghị onye ọ ga-adị mma ma ọ bụrụ ya mụtụra otu nwa nchiche bie ya imi.*

b.   Nobody would be happy when he has only one child and the nose is eaten up by the yaw disease.

c.   Ọ dịghị mma ka obere ihe mmadụ nwere nanahụ ya n'iyi site n'aka ihe enweghị isi.

d.   It is very painful to lose a precious wealth especially due to a very worthless consequence.

ISI NKE ASAA

IBERIBE

(Folly)

Nzuzu bụ ọrịa ma onye ọ dị n'ahụ amaghị. Onye nzuzu maọbụ mmadu iberibe na-achụ ọke mgbe ụlọ ya na-agba ọkụ. Onye ahụ na-ewetere ndị nwe ya ihere. Ihe e jiri amata onye iberibe bụ na ihe buru ibu na-adị ya ntakịrị n'anya ebe nke dị ntakiri ga-adị ya ukwuu n'anya. Ụwa achọghị onye iberibe. Onye ọbụla na-azọ onye nzuzu isi na-abụ ya naanị aja aja.

86a. *Ọ bụ naanị efurefu rere mma ya turu ọbọ ya.*
  b. It is only a naughty man that sold his sword only to bear the empty sheat round about.
  c. Ọ bụ onye enweghị uche na-atụfu ihe na-echekwa ndụ ya gbara aka.
  d. It is a foolish man that throws away something that is very useful to his life without any good reason only to settle down for trifle.

87 a *Onye na-atụ akpịrị ka a gwara na ọ ga-emerụkwa ahụ, ọ sị na ọ bụ ihe ya chọrọ.*
  b. A person in a violent wailing when reminded of the risk of hurting himself says that it is part of what he wanted to achieve.
  c. Ihe mmadụ mere onwe ya adịghị ewute ya
  d. It is easier to bear a self-inflicted injury.

88 a *A na-akpụ arụ ndị mere eme nwamkpi na-achụgharị nne ya.*
  b. When people are busy cleansing the abominations already committed, the he-goat is there making love overtures to his mother.

43

c. Ndi ezigbo mmadụ na-agba mbọ ka e kpochapụ ajọ ihe ndị e mere eme, ndị ọjọọ ejisie ike na-emeta ndị ọhụrụ.

d. Spoilers who are expected to correct their mistakes are deliberately committing new atrocities.

89a. Ọnwụ gụba nwauriom o zibe egbe gaa gụtara ya ọkụ.

b. When a chicken wants to die it will start sending the kite on fire-fetching missions.

c. Onye maara onye kpọrọ ya asị ka ọ tụkwasị ya obi n'ihe gbasara na oganihu ya.

d. It is a naïve person that deliberately court danger by trusting his enemy too much.

90 a Ka e tee ka e tere ụnyaa na-efu ihe ọfe.

b. Let us prepare the sauce exactly as we did it yesterday consumes additional condiments.

c. Chiọma adịghị eforo mmadụ ụbọchị niile.

d. No two problems admit exactly the same solution.

91a. E jịghị nkume elele isi kara aka.

b. A stone is never suitable for testing a strong head.

c. Ọ dịghị mma iji ihe na-emerụ mmadụ ahụ eme ihe egwure egwu.

d. It is not good to use dangerous weapons carelessly in the name of jokes.

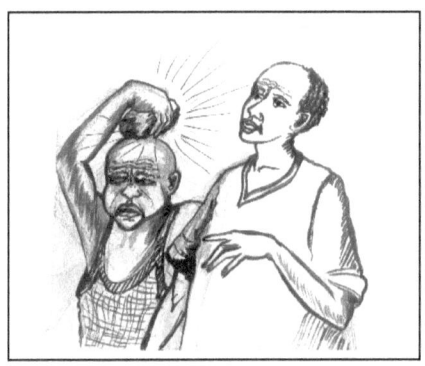

E jịghị nkume elele isi kara aka

92a. *Ọ bụ onye iberibe ka e ji ama iwu ahịa.*

b. The market byelaws are made with the foolish ones as its target victims.

c. Onye maara ihe adịghị ada iwu nke a ga-eji n'ihi ya were taa ya ahụhụ.

d. The laws are made to control foolish people, not responsible citizens.

93a. *Onye a hụrụ zobe ihe a na-ekwu abụghị ezigbo mmadụ.*

b. A person whose presence made people to hide their discussion is not a good man.

c. Ọnọdụ onye iberibe na-eme ka ndị mmadụ kpachapụ anya nke ukwuu banyere ihe ọbụla ha na-eme.

d. The presence of a foolish man causes a discomfort in the company of noble men.

94a. *Ọ bụ naanị onye iberibe na-eji n'ihi enyi ya were rie ihe e jiri sie ngọ.*

b. It is a foolish man who stakes a dangerous bet so as to please his friend.

c. Ọ dịghị mma mmadụ ihi aka n'anya kotere onwe ya nsogbu ebe ọ na-achọ ihe ga-enye ya otito.

d. It is not wise for anyone to mortgage his freedom when seeking vainglory.

95a. *Ọ na-aka mma ka ọkụkọ were ọnụ ya tụwaa àkwà ya.*

b. It is better for the hen to break its egg with its own beak.

c. Onye jiri aka ya mebie ihe ya adịghị onye ọ ga-ata ụta.

d. A person who willfully damaged his own property has nobody to blame.

96a. *Onyeara gwara onye naara ya mmà ka ọ mee ngwa ngwa nye ya mma ya ka ya laa.*

b. The mad man urges the man who dispossessed him of his matchet to make it available to him to enable him go home in time.

45

c.   Onye a na-azọ ndụ ekwesịghị ka ọ na-eche na ọ bụ ihe ọjọọ ka a na-eme ya.

d.   One's act of goodwill should not be allowed to be misconstrued.

97a.   *Onyeara sịrị na ya agaghị ahapụ iso okporo ụzọ n'ihi na ọ dịghị onye hụchara ụzọ bawa ọhịa.*

b.   The mad man says that he cannot change his habit of running the highway since a sensible person does not prefer the forest to a good road.

c.   Uche mmadụ adịghị adị ya njọ nke na ọ na-adị onye nzuzu ka ọ bụ ọkachamara.

d.   A conceited person defends his action even when it is senseless to do so.

98a.   *Nwagbọghọ sinyere ite na-agba egwu ọ chere na ndị siri nri n'oge ochie dabara n'ọkụ.*

b.   A girl who dances because she put a pot on the tripod, does she thinks that those who cooked in the past fell into the fireplace?

c.   Mmadụ adịghị mma ka ọ na-eme ngala n'ihe ọ na-eme n'ihi na ọ bụghị ya bụ onye mbụ na-eme ụdị ihe ahụ.

d.   No kind of achievement should ever make anyone proud since there is nothing people have never done before.

99a.   *Ọ na-abụ ofeke mụta ịta atụ, ọ kpajisie osisi niile dị n'ama nna ya.*

b.   Whenever a simpleton learnt how to use chewing stick, he breaks every shrub found around his father's house.

c.   Ihe ọbụla onye iberibe metara nke ọma na-atọ ya ụtọ nke ukwuu nke na ọ nwere ike iji ọnụ ya were na-eto onwe ya mgbe niile.

d.   Any little success made by a loafer is always greeted by over excitement.

100a. *Onye iberibe na-ahụrịcha ji ya, ndị enyi asị na ọ na-akọ ya akọ.*

b. When a foolish man is roasting and eating his entire yam, his friends are busy telling him that he is cultivating them.

c. Ọ dịghị mma mmadụ igere ndụmọdụ ndị ejighi ọdịmma ya kpọrọ ihe, bụ ndị na-achọ naanị ọdịmma nke ha onwe ha.

d. A person ought to disregard any advice given him by sycophants who seek only their own benefit.

101a. *Iberibe enweghị ọgwụ.*

b. There is no medication that cures foolishness.

c. Ọ dịghị ihe mmadụ nwere ike ime iji gbanwee ihe na-adịghị n'ike mmadụ ime.

d. There is quite little or nothing one could do to change or control destiny.

102a. *Ọ dịghị mma mmadụ kechaa ala ka ọ tụgoro n'elu mkpu.*

b. It is not fair for the person who shared land to be accommodated on the anthill himself.

c. Ihe mmadụ ji emere ndị ọzọ amara adịghị mma ka ya onwe ya hapụ inweta nke ya.

d. It is not good for one to be benevolent to the point of denying himself of basic needs.

103a. *A na-agwa nwata na ọ na-egbu onwe ya ọ sị kedụ ọbara?*

b. A child is being cautioned that he is killing himself and he is asking to be shown the blood.

c. Arụmarụ ụka adịghị ekwe onye iberibe anabata ndụmọdụ ga-abara ya uru.

d. The fool challenges everything even a useful advice.

ISI NKE ASATQ

AKỤ NA ỤBA

(Attitude to Wealth)

Akụ na ụba bụ ndụ na ọnwụ. Ọ na-azọ ndụ ma na-egbukwa egbu. Ọ dịka ọkụ, ụfọdụ agbasorola ya nwee ndụ, ebe ndị ọzọ chọrọ ya ọ bụụrụ ha ọnwụ. Ezi aha ka-ego. Mma ndụ bụ akụ na ụba ma kama akụ na ụba ga-ewere ndụ ya gawa nke ya. Onye hụrụ akụ na ụba n'anya karịa amaghị ihe ọ na-eme. Iji akụ na ụba were ruo ezi ọrụ na-ewetara mmadu ezigbo aha nakwa obi añụrị.

104a.	***A dịghị eji aka abụọ achịta ákú n'uko.***
b.	No one should try to climb the shelf and collect palm nuts with both hands.
c.	Onye anyaukwu adịghị ama mgbe ọ mere ihe ga-anyụ ya ahịa nke ukwuu.
d.	A selfish man often acts in such a way that he ends up cheating himself.
105a.	***E were ihe na-adị mmadu mma were kwụọ ya ụgwọ, ọ rụọ ma o rughị ọ nara ya.***
b.	If one is rewarded with what he loves, he readily accepts it whether it is adequate or not.
c.	Mmadụ nweta ihe na-eto ya akpịrị, ọ dịghị enyochasị ma o zuru oke ma o zughị.
d.	One is always eager to accept his favourite as an offer irrespective of whether it is enough or not.
106a.	***Obodo dị nwaanyị mma ka ọ lụọ di ebe ahụ, a tọrọ ya atọrọ tọga ebe ahụ, ọ dịghị agba ọsọ.***
b.	The town where a woman wishes to be married in, even if she is kidnapped into it, she may not have any wish to escape.

c. Mmadu nweta ihe na-agụ ya aguụ, ọ dịghị agbaka ya ahụ ọbụladị mgbe nnukwu ihe nramahụ dapụtara na ya.

d. A person may not wish to raise objection over inconveniences arising from what he has chosen for himself.

107a. *Akụ yie nwata egwu ọ chee na ya abaala ọgaranya.*

b. When wealth decides to deceive a child, he thinks he is already wealthy.

c. Ọ bụghị ihe dum na-atọ nwata ụtọ inweta na-abara ya uru.

d. A simple-minded person is easily attracted to non-essentials, which is of little or no benefit to him eventually.

108a. *Di na nwunye rijuo afọ lụba ọgụ, ndi bu ọnụ aka ha mma.*

b. The husband and wife that started fighting after a heavy meal are not better than their counterpart who have nothing to eat.

c. Ọgaranya na-enweghị afọ ojuju enweghị ihe o jiri were ka nwaogbenye mma.

d. An uncontented rich hand is worse than a wretched fellow who is in abject poverty.

109a. *Ehi na-ezicha ọka, a dịghị ekechi ya ọnụ.*

b. The cow that threshes corn is never muzzled.

c. Onye ọrụ emeghị ihe ọjọọ ma o si n'ihe ọ na-arụ were nweta ihe ọ ga-eri.

d. A worker is entitled to the fruit of his labour.

110a. *Nwata lebe ùtù anya ọ banye ọhịa mmụọ.*

b. A child that does not control his love for bush apple may end up in the forest of evil spirits.

c. Ihe na-atọ ụtọ na-eduhie onye akpịrị ụzọ.

d.   A greedy person easily falls into a trap set with his favourite.

111a.   *Akụ karịa na akụ ruo ụlọ abụghị otu ihe.*
b.   There is great difference between acquiring plenty of wealth and taking it home.
c.   Ichekwaba akụ na ụba na-esikwa ike dịka mkpata ya.
d.   Good management of ones resources is as important as making the wealth.

112a.   *Ngalaba mmadụ karịrị ngalaba osisi.*
b.   Human connections are more useful than tree branches.
c.   Inwe mmadụ ka mkpa karịa inwe akụ na ụba.
d.   Human support is more important than the security provided by wealth.

113a.   *Onye na-ata akwa akụkọ abụọ n'otu oge adịghị ama oge o jiri rie oke na nwunye ọkụkọ.*
b.   One who loves eating two eggs at a time does not know when he consumes a hen and a cock together.
c.   Onye na-emebiga ihe oke adịghị ama mgbe o mere ihe a ga-eji taa ya ụta.
d.   A person who is without self-control often does something that he will live to regret.

114a.   *Mkpata adịghị akpatacha akụ nricha adịghị ericha ya.*
b.   Nobody has ever finished gathering wealth just as nobody will be able to consume it all.
c.   Ịchụ akụ na ụba n'ọkụ adịghị mkpa n'ihi ọ dị mgbe anyị bịara ụwa, ọ dịkwaghịnụ mgbe ọ ga-agwụ taa maọbụ echi.
d.   Too much haste is not necessary when pursuing what has no urgency behind it.

115a. *Mbe kwuru na onye ogbenye agaghị atụrụ ya alo ka ya were mee ihe n'ihi na ọ bụrụ na ọ nwere uche na ọ kaara inwe ego.*

  b. The tortoise says he has no regard for a poor man's advice since he could have been rich if he was intelligent enough.

  d. Ndị mmadụ adịghị eji okwu onye enweghị akụ na ụba akpọrọ ihe, ọbụladị mgbe ihe o kwuru bara oke uru n'agbanyeghị na ụba na-esi na chi.

  e. Wisdom has nothing to do with wealth.

116a. *Mkpụ sịrị na nsị ji adịghị mma ịnyụfu ya anyụfu.*

  b. *Mkpụ* (yam shoot beetle) says that it is economically unadvisable not to utilize the faeces of a person who has eaten yam.

  c. Onye na-akpachapụrụ ihe anya adịghị ekwe ka ihe ọbụla lanahụ ya n'iyi ọbụladị ihe ndị mmadụ chere na ọ baghị uru ọbụla.

  d. A frugal person avoids wastefulness as much as possible.

117a. *Onye ji ruuru ụzọ abụọ na-egwurucha ha dum.*

  b. A person who has double yield in his yam farm will definitely harvest all.

  c. Onye ọbụla ihe úrù bịara na-eji ọṅụ anabatacha ya n'ihi na úrù adịghị eju afọ.

  d. One is always disposed to accept double fortune at any time.

118a. *Tara anya, nyere anya, jiri akwa ọkụkọ rọọ mmụọ, sị na isi na ọkpa ya dị n'ime ya.*

  b. A miser offered sacrifice with an egg arguing that it is a complete fowl since it contains the legs and head of the bird.

  c. Onye ọbụla achọghị ime ihe otu e siri chọọ ya aghaghị ịhụ ihe ọ ga-ekwu kpatara ya.

d.   Anyone who does not wish to do something in a way it should be done usually has an explanation to offer.

119a.   *E bibe ego ma e biteghị mara na e tinyeghị ọmụrụnwa.*

b.   If a borrower fails to secure a loan, then it must be that he refused to offer an interest.

c.   Onye ọbụla na-achọ ka e meere ya ihe ọbụla ọ chọrọ n'efu adịghị enweta ihe ọ chọrọ n'oge ọ chọrọ ya.

d.   One must try to make his proposal very attractive before he expects a very positive response or reaction.

ISI NKE ITOOLU

MMEKỌRỊTA NA NGHỌTA

(Co-operation and Understanding)

Mmekọrịta mmadụ na ibe ya dị oke mkpa. Ọ dị ihe mmadu ga-enyere ibe ya aka ka ọ were nweta. `Ikè mmadụ na amamịhe ibe ya ahaghị nha anya. Ụfọdụ nwere ike karịa ibe ya. Ụfọdụ mara mma karịa, maọbụ nwee oke ego, maọbụ nwee mmadụ karịa n'ihi na mmadụ ka e ji aka. Ọ bụrụ na ele amaghị mgbada ezi ya. Ọ bụrụkwanụ na ọsa anọghị n'ụlọ uze nwanne ya etekwaala ya nkwụ. Ihe ndị a ga-enwe isi naanị ma e nwee ezi nghọta. Mmadụ inyo ibe ya enyo nakwa enweghị mmekọrịta na-eweta mgbasa na ilo. Cheta na ọ bụ adịghị n'otu mere na agwọ enweghị ụmụnna.

120a. *Ọnọdụ otu onye na-aka mma naanị n'ime afọ.*
  b.   The only place where a person may enjoy staying alone is in the womb.
  c.   Mmadụ adịghị mma ịkwụ naanị ya n'ihi na mmekọrịta mmadụ na ibe ya dị mkpa.
  d.   Mutual co-existence is very essential in any human and social environment.

121a. *A dịghị akọrọ akpịrị na ya na ụtara bụ nwanne.*
  b.   The throat does not need to be introducted to pounded foo foo as a relative.
  c.   Mmadụ kwesịrị ịma ihe ọma ọ ga-emere nwanne ya ọbụladị mgbe ọ dịghị onye rịọrọ ya arịọ maka ya.
  d.   Certain obligations to a relative are seen as a matter of right and not a privilege.

122a. *Ọ bụ mgbasa mere na agwọ enweghị ụmụnna.*
  b.   It is lack of unity that made snakes not to have brethren.
  c.   Ndị ahụghị onwe ha n'anya adịghị adị n'otu.

d.   Disunity is the first consequence of hatred amongst brethren.

123a.   Ọ na-abụ nwata nwere ụbọchị, ụbọchị enwerekwa nwata.
b.   If a child owns the day, the day at the same time owns the child.
c.   Ihe mmadụ na-emere enyi ya ka enyi ya na-emere ya.
d.   We are all dependent on one another one time or the other.

124a.   Ọ na-abụ ndị nchiche abụọ zute n'ụzọ, ha ewere iberi (ihe ha ji achụ ijiji) were naa aka.
b.   At the meeting of two persons whose noses have been eaten up by yaw disease, salutation is done with their object of warding of flies.
c.   Ezi nghọta na-adị n'etiti ndị nwere otu ụdị ihe na-esogbu ha.
d.   Better solidarity often obtains among people facing similar problems.

125a.   Onye hụrụ atụrụ ahụla imoro nwanne ya.
b.   Anyone who sees a sheep has also seen *imoro* his kinsman.
c.   Onye hụrụ nwanne mmadụ ahụla onye ahụ.
d.   Persons from common geneological stock often look identical.

126a.   Ọ bụrụ na okokporo achụsaa ngwere ya na onye ga-ebi?
b.   If a bachelor disperses lizards, with whom is he going to share his neighbourhood?
c.   Onye mmadụ chere na ọ dịghị mkpa na ndụ ya nwere uru ọ ga-abara ya otu ụbọchị.
d.   Even the person who seems to be unimportant can be very useful one time or the other.

127a.   Onye na-akọ ji dị mma ka ọ na-eru ikwunne ya n'ihi na ọsọ chụba ya na ọ gaghị agbaba n'ime ọba ji ya.

b.   A successful yam farmer should also be visiting his grandmother's place for on the day of trouble he is not going to take refuge in his yam barn.

c.   Onye na-agbara ikwunaibe ya ọsọ aghaghị ịgbakwuru ha otu ụbọchị ọ ga-achọ enyemaka ndị nke ya.

d.   There is no time one can run away completely from his kinsmen.

128a. Ọ bụ n'ụlọ ètè ka e si aga n'ụlọ mmanya.

b.   It is from the house of the climbing rope that one can get to the dwelling of palm wine.

c.   Ihe ọbụla nwere ụzọ e si eme ya ọ ka mfe.

d.   Every problem has a simpler way of approaching it.

129a. Nduru sịrị na ihe e jiri adị abụọ aga n'ubi bụ onye ahụghị ka ibe ya hụ ihe ahụ.

b.   The dove says that the reason for going to the farm in pairs is to make sure that nothing escapes the observation of each partner at least.

c.   Mmadụ abụọ na-emekọ ihe ọnụ kwesịrị ka ha na-atụkọrịta alo ọnụ.

d.   When two persons working together consult more with each other, they are likely to achieve greater result.

130a. Eze naanị ya kwụ aga gba ọtọ.

b.   The king that goes unaccompanied could be said to be naked.

c.   Onye ọchịchị na-enweghị ndị mmadụ na-akwado ya adịghị enwe ugwu na nsọpụrụ n'anya ọhaneze.

d.   A leader without popular support does not command sufficient dignity.

131a. Otu onye na-asụ ọhịa ọ dị ka ọ na-esere eriri ọ ga-eji were kechie ihe.

b.   When one man is clearing a bush, it appears as if he is merely collecting bush ropes.

c.   Mgbe naanị otu onye na-arụ ọrụ ọ dị ka ike ọrụ adịghị ya.

d.   One man's effort is always limited.

132a.   *Awọ sịrị onye dị, ka ibe ya dị, ka ọ ga-abụ ụbọchị ụzụ ka a hụ ndị ga-atụ ya.*

b.   The toad says it is good for everybody to stay alive so that on the day of wailing, there could be enough people to undertake it.

c.   Onye nwere ọtụtụ ndị mmadụ na enweta ọtụtụ enyemaka n'ọge mkpa.

d.   There are times in life when it is necessary to rely on communal effort and only people blessed with many brethren can secure it.

133a.   *Akịka sịrị onye kpata ya rie, kama a zọọ ụkwụ n'ala ka ekwem n'isi ka ọ bụrụ otu.*

b.   The termite says that everybody should be allowed to eat whatever he has acquired but let the nodding of the head be done at the same time at the stamping of feet.

c.   Ndị mmadụ na-aka adịkọ n'otu n'oge nsogbu karịa oge ihe dịịrị ha mma.

d.   Solidarity in brotherhood is stronger when people are fighting external aggression.

ISI NKE IRI

MMEGBU NA MMENYERE

(Oppression and Favouritism)

Mmegbu na mmenyere ụzọ ihe abụọ nke nne ejighị. Mmegbu bụ ọnọdụ mmadụ na-akpachara anya nara onye ọzọ ọke rubere ya n'ihi na eleghị anya na ọ nweghị onye ga-ekwuru ya. Ọ bụkwa ihe mmadụ mere onye ọzọ na azọ karịrị ya. Ọnwere ike ịbụ n'ihi obi ọjọọ, anyaukwu maọbụ ịbọ ọbọ. Mmegbu adịghị mma n'ihi na ọ dịghị onye aka ọse na-adị mma n'anya. Ọ dịghịkwanụ onye enweghị onye karịrị ya n'ụzọ nke a maọbụ nke ọzọ.Mmenyere bụ ịnye mmadụ ihe erubeghị ya n'ihi anya a na-asọ ya maọbụ ịma mmadụ. Ọ megidere iwu ikpe kwụ ọtọ na nhatanha. Oge ụfọdụ ọ bụrụ n'ihi na ọ bụ onye anyi maara, enyi, nwanne, ọgọ maọbụ ihe yitere ndị a. Mmeyere nwere ike ịdị mma n'ụzọ ebere mana onye akọghị ji adịghị mma igwute ebe. Onye rụọ ya rie.

134a. *Ọ bụrụ na ọkeụlọ maa n'ọnya e were nwayọọ hara ya mana ọ bụrụ anụ ọhịa e were okpiri tigbuo ya.*

   b.   When a house rat is trapped, it is carefully disengaged but if it were a wild game it is normally clubbed to death.

   c.   Otu mmadụ si emeso onye ọ maara abụchaghị otu o si emenyere onye ọ hụbeghị na mbụ.

   d.   One tends to relate more favourably to a familiar fellow than to a total stranger.

135a. *Átá sịrị na ya kpacha anya hapụ onye na-arụ ya ka o rie nri ọrụ ma ọ bụghị ya, ọ rụrụ ya na-aga, ya epuchiri na-eso ya.*

   b.   The spear grass says that it is out of compassion that he allowed the weeder to be fed and paid; otherwise he would have been growing behind him as he was weeding along.

   c.   Nsọpụrụ na ịhụnanya mmadụ nwere n'ebe ibe ya nọ adịghị ekwe ya emecha ya ihe niile gbara ya n'uche mgbe ọ mejọrọ ya.

d.   It is in human nature to be humane and compassionate especially to friends and relatives.

136a. *A na-esi n'òkè amata onye bụ diọkpara.*
  b.   The first son is easily identified when siblings are picking shares.
  c.   Ọ bụ onye na-akpachapụ anya na-achọpụta ihe zoro ezo mgbe ndị ọzọ eyibeghị uche ya.
  d.   It takes a careful, observation to discover hidden things.

137a. *Ọka sịrị na ọ bụghị naanị ya na-amụta nwa a na-anyakwo olu.*
  b.   The maize says that he is not the only person that begets a baby whose neck is broken at will.
  c.   Onye ọbụla na-eme nnukwu ebere ndị na-achọ amara adịghị ekwe ya ezu ike.
  d.   A benevolent man is always the resort of any beggar.

138a. *Ọ bụ onye nna ya na-akpa atụrụ na-eri anụ ebule mgbe o jiri were gụọ ya.*
  b.   It is only the son of a shephered that eats the meat of ram whenever he wants it.
  c.   Onye dị garagara na-agba mbọ, ihe oriri adịghị akọ n'ụlọ ya.
  d.   An enterprising fellow always strives to build a treasure for himself and he lacks nothing.

139a. *E gbuo anụ nwaanyị esoghị eri, nnụ na ọse akọọ ụkọ n' ụlọ.*
  b.   If women are not allowed to eat the animal killed, there will be sudden scarcity of salt and pepper in the house.
  c.   Ụfọdụ mmadụ adịghị etinyecha uchu na mbọ n'ime ihe ha maara na ha agaghị eketa ọke na ya.
  d.   One often does not show sufficient interest in matters that are not beneficial to him.

140a. *Ọ bụrụ na ọkụkọ kpee ụchịcha ikpe, ikpe aghaghị ịma ya.*

   b.   If the fowl sits in judgement against the cockroach, the latter must be surely convicted.

   c.   Ọ dịghị mgbe mmadụ jị emetacha ihe na-adị onye ọ kpọrọ asị mma.

   d.   It often takes more than enough to please one's adversary.

141a. *Onye na-atụli nwa nnụnụ elu na-egosi ya ezi ụla.*

   b.   One who enjoys throwing up a bird into the sky is indirectly showing it the way home.

   c.   Onye na-enwe ọṅụ n'imegide mmadụ adịghị ama mgbe ọ mebeere ya ihe ọma.

   d.   Some punishments that are intended to be punitive can turn out to be a blessing in disguise.

142a. *Ọ dịghị mma nkịta richaa nsị ka eze ree ewu.*

   b.   The goat should not be made to suffer rotten teeth when actually it was the dog that ate the faeces.

   c.   Ọ bụ onye mere ihe ọjọọ kwesịrị ịta ahụhụ ihe ọ mere ọ bụghị onye aka ya kwụ ọtọ.

   d.   It is injustice for the innocent to be made to suffer for the guilty.

143a. *Ewu sịrị na ọ bụ ụbọchị onye nwe ya na-eri oriri ka agụụ na-agụkarị ya.*

   b.   The goat says that it starves more on the very day its owner has any feast to celebrate.

   c.   Oge ụfọdụ, ọ bụ ụbọchị mmadụ na-eche na ihe ga-akara ya mma ka ọ na-enwekarị ihe nramahụ.

   d.   At times, one receives the very opposite of what he expected to come his way.

144a. *Ọkụkọ sịrị na ọ bụghị naanị ọnwụ ike ọ na-anwụ na-ewute ya kama ọ bụ na e mechakwaa ụmụntakịri atakwaa isi ya.*

59

b. The fowl says that what agonizes it is not so much the sudden death he suffers as the fact that it is children that eventually consume its head.

c. Ọtụtụ ihe mgbawa obi na-emekarị onye na-adịghị ike ịzọpụta onwe ya.

d. A lot of regrets await the person who is too weak to help himself.

145a. *Mbekwu sịrị ọ bụrụ na e gbuo ya n'ihi na ya jụrụ ajụjụ, ka e lichikwaa ya ụzọ ka ajụjụ were na-aga n'ihu.*

b. The tortoise says that if he should lose his life for asking a question, then let his corpse be buried by the roadside so as to call for more questions.

c. Ịjụ ajụjụ mara mma ọ kwesịrị ka a kwado onye jụrụ ya site n'ịza ya ihe ọ chọrọ, e kwesịghị ịta ya ahụhụ.

d. Enquiries are positive means of acquiring knowledge and discovering the truth about things and should be encouraged.

146a. *E nyebe nri n'aka ka e ji ama onye a kpọrọ asị.*

b. It is only when food is shared unto the palms that it becomes easy to notice a fellow that is not loved.

c. Oge e ji achọpụta ihe zoro ezo bụ mgbe ọ dịghị onye tụrụ anya maka ihụ ya.

d. Certain hidden things expose themselves even when nobody expected it.

147a. *Onye na-emegbu nwa mmadụ, ọ ga-eji nke ya were laa mmụọ.*

b. One who maltreats another person's child, is he going to make his own to accompany him when he is dying?

c. Onye na-eme ihe ọjọọ ga na-echeta ihe nwere ike ime echi.

d. One must always act in view of what the future potends and the uncertainty of tomorrow.

148a. *Mmanya hụ onye ọ maara o bie ugwu.*
   b. When a palm wine keg meets a friend, the keg can no longer remain full.
   c. Mmadụ na-aka eme amara ma ọ bụrụ na o zute onye nke ya.
   d. Good friendliness attracts special favour.

149a. *Ọ bụrụ na a nara mmadụ ohuuukwu ya, ọ kwesịrị ka e nyenụ ya ihe tụkwasịrị ya n'elu.*
   b. Whenever twenty bundles are taken away from its owner, in fairness he must be given the extra found on top of it.
   c. Ọbụnadị onye a na-emegbu emegbu nwere mgbe ọ na-enweta ihe rubere ya.
   d. One should not be made to bear too much injustice beyond a justifiable limit.

150a. *Ọ bụ e lee ka chi nwata ha e were kenye ya ọrụ.*
   b. The god of a child is first put into consideration before assigning a particular job to him.
   c. A na-amatagodu ka ike na ume mmadụ ha tupu e kenyebe ya ihe ọ ga-arụ.
   d. One should receive responsibility according to what he may be able to handle.

151a. *Ihe nwaanyi ji eme ọgọ ka di ji emegbu ya.*
   b. The same thing that a housewife uses for charity is also what she complains that her husband is denying her.
   c. Onye ọbụla na-achọ nsogbu n'aka mmadụ aghaghị ịhụ ihe ọ sịrị na ọ mere ya nke na ọ na-ara nnukwu ahụ ịmeta onye ahụ mma.
   d. An insatiable person complains about everything even what should have been a gratuitous gift.

152a. *Ọ bụ naanị dibia ụlọ ka a na-ahụrụ jiọkụ ma ọ gbachaa afa.*

b. It is only in his own village that a diviner is rewarded with only a roasted yam.

c. Ọ bụ ebe a maara mmadụ nke ọma ka a na-eleda ya anya ọbụladị mgbe ọ mere ihe ukwu.

d. A hero/is never given his due respect and recognition in his house town.

153a. *Onye omengwangwa gwujie ji, o tukwuru ala gwute ọdụ ya.*

b. When a person digging in haste breaks the yam tuber, he then kneels down to bring out the second half.

c. Ihe kwesịrị ka a kpachapụrụ ya anya oge a na-eme ya, ka a hapụ ngaramara na-eso imebi ya.

d. Care is needed when handling important matters for the price of damage is always more.

154a. *A na-agba égwé ndụgba, mana ikpere úkwú adịghị afọdụ.*

b. After a round of *ndụgba* dance (dancing with the knee) the kneecap is never without bruises.

c. Onye ọbụla chọrọ ime ihe ike aghaghị ịtara ya ọke ahụhụ.

d. Anyone who wants to be a hero never finds things quite easy.

155a. *A gafee ọnọ n'isi ụzọ e ruo ọnọ n'isi ime.*

b. When one bypasses the person at the doorway, it comes to the turn of the person next to him.

c. Onye ọbụla nwere ndidi na-echeru mgbe oke nke ya ga-erute ya.

d. Events take their turn to happen at the proper time.

156a. *Ihe a dị abụọ were buru, ọ dịịrị onye ihu mma, ọ dịghị adịịrị onye azụ.*

b. When two persons are carrying a load together, one of them must suffer more inconvenience than the other.

c.   Ihe a na-emekọ ọnụ nwere onye ọ na-aka abara uru karịa ibe ya.

d.   In any joint undertaking, responsibilities are not always equally shared.

157a.   *Ka ọ dịba, ụbọchị ọbá hụrụ ji ka ọ kee.*
b.   Yams can only be stacked in the barn only on the day yams are available.
c.   Ihe ọbụla oge ya erughị adịghị adị mfe nnweta.
d.   Things happen only when it is possible to have them.

158a.   *Ọ na-adị mma mgbe a hụrụ osisi a ga-egbu e were bụba asọ n'aka.*
b.   It is better to wait to see the tree to be cut down before spraying the palm with saliva.
c.   Ọ dịghị mma mmadụ ịtụkwasị obi n'ihe ọ hụghị anya.
d.   It is good to build hope only on what is realisable.

159a.   *Ọke nkịta sịrị na ọ bụ anya ka ya ji eri àjà a chụrụ n'elu.*
b.   The male dog says that the only way for it to reach the content of a sacrificial dish offered on a high platform is by gazing at it.
c.   Ihe karịrị mmadụ ike kwesịrị ka ọ nabata ya otu o si were hụ ya.
d.   What is without remedy must be without regard.

160u.   *Nkịta sịrị na anụ ya na-achụ gbanahụ ya, ya emee ọnụ ka a dịghị eri ya eri.*
b.   The dog says that if it could not catch a particular game, it is better to pretend as if it was never to be eaten.
c.   Onye gbachaa mbọ ma ọ nwetaghị ihe ọ chọrọ o kwesịrị ka ọ were ọnọdụ ahụ otu o si hụ ya.
d.   One ought to take an option that is available to him where every other one has led to failure.

161a. *Okokporo sinyere ji na-agụrụ ya n'ọkụ, ọ bụ ya na onye na-azọ ya?*

b. A bachelor who eats his yam while the pot is still on fire, with who is he struggling over it?

c. Onye ajọ agwa maara ahụ adịghịzị ama oge o jiri eme ya.

d. One who has a bad habit may not know when he acts even against himself.

162a. *Onye gbachara égbè tibe mkpu, ọ chere na ọ bụ olu karịrị ụda egbe?*

b. A person who started shouting after firing a gunshot, does it mean that his voice sounds louder than the gun?

c. Onye na-eme ihe ọbụla kwesịrị ka ọ chee nke ọma, were mara ma ndị ọ mere eme ha bakwara uru.

d. People must give time for their actions to mature and for their effects to be manifest and evaluated.

163a. *Onye jiri otu mkpa siri dịrị ya, o bite arụsị ego.*

b. In the face of certain kind of hardship, one may be tempted to borrow even from a deity.

c. Mmadụ agaghị eji otu ihe si dịrị ya were tinye onwe ya na nsogbu karịrị nke ọ nọ n'ime ya.

d. One should avoid putting oneself into a greater trouble while seeking for solution to a lesser one.

164a. *Udele gwara ụmụ ndị mmụọ ha nwee ndidi n'ihi na ya ka na-achọ ihe ha tụrụ ya n'ahịa ka ya zụta.*

b. The vulture told the fairies to exercise some more patience since it is yet to find what they have asked him to purchase for them.

c. Ọ dịghị onye na-ezu ike ganye na ọ mejupụta ihe ọ kwere na nkwa.

d. Great peace follows a person who keeps his promise come what may.

165a. *Nwata maara ka e si ebe ákwá, mana ọ mechiri ọnụ oge e bu ozu nne ya gafee.*

   b.   A child knows quite well how to cry and yet kept quiet when the corpse of its mother was being taken away.

   c.   Onye nwere uche adịghị eme ihe niile ọ maara eme oge ọbụla o jiri masị ya.

   d.   Correct things are better done in the right place and at the right time.

166a. *Ọ bụ ndidi ka ebiogwu ji amụ nwa ogwu juru ahụ.*

   b.   It is only through endurance that a porcupine delivers its thorn-infested baby.

   c.   Ihe ọbụla siri ike nwere onye na-akata obi eme ya.

   d.   Some people know how to handle difficulties more than others.

167a. *A dịghị m asị nwata kuliere m n'oche n'ihi na nne ya akpọghị ya oku, nna ya akpọọ ya.*

   b.   It is a waste of time to ask a child to vacate a seat for me, for he will soon get up to answer either his mother or his father.

   c.   Ihe mmadụ nwetara na-etosighi etosi adịghị ara ahụ o funahụ ya.

   d.   It is very easy to lose what one secured without deserving it.

A dịghị m asị nwata kuliere m n'oche n'ihi na nne ya akpọghị ya oku, nna ya
akpọọ ya.

168a. ***Oge ụkwa apụtabeghị, ọ dịbeghị onye tara akpụrụ nsị***
    ewu.

b.   Ever before the discovery of fried breadfruit, nobody has been chewing goat's dungs.

c.   Ọ dịghị ihe mmadụ apụghị ileghara anya n'agbanyeghị otu o siri dị oke mkpa.

d.   Whatever is the worth of anything it can never be indispensable.

169a. ***Ọkụkọ sịrị na ya tigbube onwe ya otu ụmụ ya sị anwụ, na***
    ụrụ anụ agaghị adịkwa ya n'ahụ.

b.   The fowl says that if he had to cry the way it loses its chickens, then it will certainly have become a mere skeleton.

c.   Onye ihe ike na-eme oge dum na-ama ụzọ ka mma ọ ga-esi na-eso ya.

d.   A person who encounters too many tribulations must have worked out a means of surviving them.

170a. ***Okokporo sịrị ka a chọọrọ ya nwaanyi ọsọsọ, ọ bụ ya na***
    onye bi ogologo oge niile gara aga?

b.   A bachelor who suddenly becomes desperate to have a wife, whom had he been living with over the years?

c.   Oke ime ngwa ngwa n'ihe oge ya gafere agafe abaghị uru ọbụla.

d.   Too much haste in anything is always ill advised and unnecessary.

171a. ***Onye obi ọkụ na-ebu onye ñụrụ iyi arụsị ụzọ were anwụ.***

b.   A hot-tempered person often dies before the one who has taken a fetish oath.

c.   Onye oke iwe na-ala ndụ ya n'iyi ọsọ ọsọ mgbe a tụghị anya.

d. A man of hot temper can easily take a decision the consequence of which can affect his life in a tragic way.

172a. *Ọkụ gidigidi adịghị enwufo chi.*
  b. Great flames that rages very fast do not last till daybreak
  c. Ihe e mere n'oke ngwa ngwa adịghị abacha uru otu a tụrụ anya ya.
  d. Too much rush and haste are often difficult to be sustained.

173a. *A chụọ ma e nwudeghị, a ga-arahụ n'agụ?*
  b. Is anybody going to sleep in the forest simply because he did not catch any game after the hunting expedition?
  c. Onye gbalịchaa otu ike ya ha ma ọ nwetaghị ihe ọ chọrọ, ọ kwesịghị ka ọ nọgide na mwute.
  d. A person should not feel too bad when he had done his best without achieving the desired result.

174a. *Ana m eji aka abụọ eti ọfọ, ọ bụ m ka ihe na-esinarịchara ike?*
  b. Am I going to use an *ọfọ* (wand) with my two hands as if I am in the worst difficulty?
  c. Ọ dịghị mma mmadụ igosi onwe ya ka onye a na-emere ebere oge ncha.
  d. It is not good for one to present a picture of selfpity of oneself always.

175a. *Ákwú fọrọ taa chaa taa abụghị ezigbo akwụ.*
  b. The palm fruit that buds today and ripens today is definitely a bad one.
  c. Ihe ọbụla bara uru a na-atara ya ahụhụ tupu e nweta ya.
  d. Things that are acquired very cheaply are rarely useful.

176a. *Ọ bụ onye ndidi na-eri azụ ukpoo.*
  b. It is only a patient fisherman that can catch a fish with a hook.

c. Onye nwere ntachi obi na-echere ihe ọma ruo mgbe ọbụla oge ya ruru.

d. Patience is a virtue and it rewards.

177a. *Ọ bụ isi na-etokata ha ka okpu.*

b. Eventually, the size of the head will one day match that of the hat.

c. E leghị anya, ihe dị ntakịrị ga-emechaa buo ibu.

d. There is always a hope for better tomorrow.

178a. *Mpi adịghị anyị arọ n'isi ehi bu ya.*

b. The cow does not feel the weight of the horns on its head.

c. Nsogbu nọtere aka n'ahụ mmadụ adịghị emekpa ya ahụ nke ukwuu.

d. Any person can get used to a particular problem and learn how to live with it.

ISI NKE IRI NA OTU

IME IHE N'OKE

(*Moderation*)

Mmadụ rie nri rifee oke ọ bụrụ ori nri. Ọnye kwuo okwu kwufee oke ọ bụrụ okwu okwu. Ọnye mee ihe ọma mefee oke a kpọọ ya onye iberibe. Emena mmehie ndị a, ma ya fọdụ imebiga ya oke. Onye na-ezere imefe ihe oke bụ onye na-ejide onwe ya, bụrụkwa onye maara ihe. Ọ bụladị ihe ọma nke e mebigara oke aghaghị ịghọ ihe ọjọọ.

179a. *Ọgba ka e too ya na-agbaji úkwú.*
  b. A dancer who performs for the sake of attracting attention usually sustains a dislocation in the waist.
  c. Otito onye nganga na-enweta adịghị aha ka ahụhụ ọ tara were nweta ya.
  d. The action taken by a proud man is always heavier than its dividend.

180a. *Ọ bụrụ m ka e ji ebe nkịta ọdụdụ.*
  b. The person to cut the tail of a puppy must first of all put himself in the position of the animal.
  c. Onye mara ihe a ga-emee ya ọ dị ya njọ, ya emela ya onye ọzọ.
  d. Do unto others only what you wish to be done to you.

181a. *Eri anyụ abụghị ezigbo ihe mana e rie ma a nyụghị, jọgbukwara onwe ya.*
  b. Eating and rushing to defaecate is bad enough but worse is eating without discharging at all.
  c. Ihe ọbụla na-adị mma ka e medebe ya ebe ọ ga-adị mma.
  d. Whatever that goes to an extreme is in error.

69

182a. *Nwa a dị abụọ amụpụta a na-amụkwo ya olu.*
  b. When two women are delivering a baby, it usually sustains a broken neck.
  c. Ihe kwesịrị ka otu onye mee adịghị mma ka a dị ọtụtụ were malite ime ya.
  d. Too many ideas on a particular issue can bring confusion and create complication.

183a. *Awọ niile bụcha awọ ma ọ nwere ndị ka ibe ha were degebe afọ.*
  b. All toads are the same but there is always the one with more pronounced stomach.
  c. Ihe dum nwere otu ọ na-adị mana e nwere ndị na-apụ iche n'ebe ndị ọzọ dị.
  d. In the midst of things of the same kind, there are sometimes some that distinguish themselves and appear unique.

184a. *Garagara dị mma mana gadangada bụ agwụ.*
  b. It is good to be clever but to be over clever is like being possessed by the malevolent spirit (ágwụ).
  c. Mmadụ nwere ike iji iberibe mebie ihe ọ buuru ụzọ metacha nke ọma na mbido.
  d. Carelessness can lead to avoidable damages.

185a. *E buru ozu nwa mgbada bawa ọhịa ebe niile nne ya duuru ya ga kpaa nri, ozu ya anọrọ n'isi ree ure.*
  b. If the corpse of the dead young antelope is to be taken to all the forests where the mother led it to search for food, the body will certainly decompose while still on the head of the bearer.
  c. A dịghị emerucha ihe niile ebe ọ jedebere ka a hapụ isi otu ahụ mebie ya bụ ihe.
  d. There are occasions when certain issues are not to be pursued to their logical conclusion to avoid mistakes.

70

186a. *Mmanwụ nọkarịa n'ilo, ogbodu aka ya mma.*
  b. When a masquerade overstays in the square, it becomes less important than even the uninitiated.
  c. Onye mechara ihe mgbe a tụrụ anya na-ebu ugwu ya ala.
  d. A visitor gradually loses a lot of prestige and self-respect whenever he overstays his welcome.

187a. *E jịghị ụkpa abụọ ebu otu mba ji.*
  b. It is not necessary to carry one tuber of yam with two baskets.
  c. Ọ dịghị mma ka e were ihe karịrị ihe were gbapụta ihe ahụ.
  d. Do not spend much on something that is worthless.

188a. *Ọ bụrụ na akwụ chaa ka ojukwu ọ rebie ọnụ.*
  b. The palm fruit that wants to achieve the ripening pureness of *ojukwu* specie will certainly begin to rot from one end.
  c. Onye na-eme n'ihi na onye ọzọ mere adịghị ahapụ inweta ihe ịta aka n'eze.
  d. A jealous man ignores his weaknesses and ends up in humiliation.

189a. *Okokporo gbara ugboro egwu abụọ malite nke atọ bụzịkwa agụụ ga-agụ ya ka ọ na-achọ.*
  b. A bachelor that enters the third round of dance is using up his cooking time and may have to go bed without food.
  c. Onye ọbụla na-eme ihe ọ na-eme kwesịrị ka ọ na-echeta ọnọdụ ya onwe ya.
  d. A person's particular condition and situation ought to guide his decisions and actions.

190a. *Ọ bụrụ na a gbaba afa ebighị ebi ntị echie ndị mmụọ.*
  b. When divination becomes endless, the listening spirits can even go deaf.
  c. Ọ bụrụ na okwu too oke ogologo, ike agwụ ndị na-ege ntị.
  d. Lengthy speeches cause the audience to grow weary.

71

191a. *E were ụtọ ọgbọnọ a rahụ n'agụ.*
   b. Following the taste of 'ogbono' the cordiment, one can easily be deceived to spend the night in the field.
   c. Onye ribe ihe ọbụla otu o si atọ ụtọ aghaghị irigbu onwe ya.
   d. The importance of self-control and temperance in one's behaviour cannot be over stressed.

192a. *Nzà na-ata ákwà akụkọ adịghị ama oge o jiri taa isi na ọkpa ya.*
   b. A titled man who enjoys eating fowl egg does not know when he has eaten the leg and head of a fowl.
   c. Onye na-eme ihe kwesịrị ka ọ na-eche echiche maka ihe ihe ọ na-eme ga-apụta.
   d. One ought to first of all consider the implication of any action he wishes to undertake before initiating it.

193a. *A dịghị iri ejere ngènè ozi.*
   b. Ten priests are much to attend to *ngene* deity at the same time.
   c. Ọtụtụ mmadu ime ihe otu onye ga-emeli abaghị uru ọbụla.
   d. Many persons are not to be employed where only one hand is necessary.

194a. *E bibe ozu aka ka a ha nwere ya o tie mbadamba.*
   b. If all the relatives of a corpse are allowed to touch it, it will surely get flattened.
   c. E chebe ka onye ọbụla mechaa ka ibe ya mere, ị mara na ọ dịghị ihe ga-enwe isi.
   d. Only selected people are to be allowed to handle delicate issues for proper precaution to be guaranteed.

195a. *A bachanyekarịa ji n'ite ọgwụ ọ ghọrọ ji awaị.*
   b. When too much yam is added into the herbal pot, it may turn converted into yam portage.

c. Atụmatụ a gbakwụnyere agbakwụnye adịghị mma ka ọ karịa ebumnobi e jiri malite ihe ọbụla n'onwe ya.

d. Too many modifications can vitiate the original plan in any undertaking and can lead to error.

196a. *Ọ na-abụ e sekarịa útà, ihe a ga-agba efelaga.*

b. Waisting much time in drawing the bow before shooting may provide the opportunity for the target to escape.

c. E meghị ihe ngwa ngwa nwere ike ibute oke ihe mmebi.

d. Waisteful and careless planning can occasion mismanagement and failure.

197a. *Ngwere nọkarịa n'ukoro osisi ọ ghọrọ ngwere aghụ.*

b. Any lizard that over-stays inside the hollow in a tree trunk may gradually transform into an alligator.

c. Mmadu hapụ ihe a atụrụ anya n'aka ya mebe ihe ọzọ, ndị ga-aghọtahie ya ga-adị ọtụtụ.

d. It is easy to misunderstand a person who suddenly begins to behave in a queer manner.

198a. *Ndị iro ruo asaa abụọ, e gowe ụfọdụ egowe.*

b. When a person's enemies are up to seven times two, it could be very advisable for him even to begin to buy some of them over.

c. Onye e ji ihe ọjọọ were mara kwesịrị ka ọ were aka ya gbaa mbọ maka ụzọ ọ ga-esi were nwetere onwe ya ezigbo aha.

d. A notorious person can reconsider his evil ways and make overtures for amendment.

199a. *Oke mmụọ nọkarịa n'ọgbọ ụmụọkpụ ekenye ya útú.*

b. When a great masquerade does not leave the square when it should, it may be asked to pay a levy even the one imposed by women.

c. Mmadụ ekwesịghị iji n'ihi otito ndị mmadụ na-enye ya were ghara ịma mgbe ọ kwesịrị imedebe ihe ọ na-eme.

d. A performer who neglects to read the mood of his audience well may be tempted to overstay and risk embarrassment.

200a. *Ọjị a gọchiri ntị, ndị mmụọ adịghị ata ya.*
 b. The spirits do not eat any kolanut ceremony that was made deaf through over ritual.
 c. Mmasị mmadụ nwere n'ihe na-agwụ ma e mefee ihe ahụ oke.
 d. One loses interest in whatever that has been unduly prolonged.

ISI NKE IRI NA ABỤỌ

ỊBỌ ỌBỌ

(Vengeance)

Ịbọ ọbọ adịghị mma. Mmadụ dị ndụ kwesịrị ka ọ na-enwe obi mgbaghara n'ebe onye ọzọ nọ ma chefukwaa ihe ọjọọ e mere ya. Nke a dị mkpa n'ihi na ọ dịghị onye adịghị emejọ mmadụ. Ọ bụrụ na mmadụ agbakọbachaa ihe ọjọọ niile e mere ya ma bọchakwaa ọbọ ya, ị mara na ọ nweghi onye ya na ibe ya ga-adị na mma. Ịbọ ọbọ nwere ike ibute ịkpọ asị, ọgbaghara, mbibi, mmerụ ahụ na nkewa. Ọnwụ nwekwuazịrị ike isi na ya were pụta. Onye na-abọ ọbọ adịghị edebe iwu Onye kere mmadụ.

201a. *Hapụ nkịta ka ọ chụba nchi n'ihi na ọ bụ ọgbọ ya.*

   b. Let the dog go after the grasscutter for the two are age mates.

   c. A ga-ahapụ mmadụ abụọ nwere otu ụdị nghọta ka ha hazie ihe ha otu ha siri chọọ n'ihi na ọ ga-adabara ha.

   d. Persons of like minds are better left to sort out their affairs and differences.

202a. *Anụ ọhịa sịrị na o biere ya na nkịta, na ọ gaghị ebiri ya na ikpo ya n'oge.*

   b. The wild animal says that after escaping the hunting dog, the trauma of its bell takes some time clear down.

   c. Iwe kwụsịchagodu, mmadụ adịghị echefu ihe e mere ya ọsọ ọsọ.

   d. Certain wicked acts are difficult to be put behind us.

203a. *Onye kwọrọ aka n'eju ebe nkịta ji añụ mmiri aghaghị ịkwọ ya ugboro abụọ.*

   b. A person who washes his hands in the water kept for dogs in an earthenware must surely wash it again.

   c. Ihe mmadụ emeghị nke ọma bụ ya ka ọ dịịrị imezi ya.

75

d. One has the responsibility of fixing up what he has messed up.

Onye kwọrọ aka n'eju ebe nkịta ji añụ mmiri aghaghị ịkwọ ya ugboro abụọ.

204a. *Agbataobi abụọ mụta ohi ọkụkọ ha ewere ejula rọọ mmụọ.*

b. When two neighbours form the habit of stealing each other's fowls, they would eventually end up using snails for rituals.

c. Onye ji ihe ọjọọ akwụghachi ihe ọjọọ nwekwara ụzọ nke ya si efu.

d. Revenge is counter-productive and benefits none of the parties.

Agbataobi abụọ mụta ohi ọkụkọ ha ewere ejula rọọ mmụọ.

76

205a. *Onye bịara m ọrụ duru nwa na-ebe oke ákwá, m gawara ya ewere m ọgụ na-afịọpụ afịọpụ.*

   b. If my work-partner comes to my farm bringing a crying baby, when it comes to his turn, I will take with me a bad hoe.

   c. Onye kpachaara anya mee mmadụ ihe ọjọọ na-achọkwa onye ga-ehi aka n'anya were megwara ya.

   d. At times it is better to revenge a deliberate mischief to serve as deterrence in future.

206a. *Ọ dịghị mma iji iwe mkpi were zojie nne ewu úkwú.*

   b. One ought not smash the leg of the she-goat when it was the he-goat that annoyed him.

   c. Ọ dịghị mma mmadụ iji iwe onye ọzọ kpasuru ya were leta onye ọ dịghị ihe ọ mere ya.

   d. Transferred aggression can never be justified.

ISI NKE IRI NA ATỌ

ỊKPACHAPỤ ANYA

(Caution and Carefulness)

Onye gbanụọ were gwujie ji, o tukwuru ala were gwute ọdụdụ ya Ịkpachapụ anya bụ mmadụ ihi aka n'anya ka ihe ọbụla ọ na-eme were ghara ịghanahụ ya. Ọ bụ ịgbado anya were hụ na ihe emebinahụghị ya site n'ụzọ e nwere ike iji taa mmadụ ụta. Onye ọbụla na-eme nke a adịghị ana ihe n'iyi. Onye na-akpachapụ anya na-adị ndị ọzọ ka ọ maghị ihe ọ na-eme. Ọ na-enwe ọhere ime ihe nke ọma. Onye adịghị akpachapụrụ ihe anya bụ onye aghara. Ọ dịghị mma ịtụkwasị ya obi n'ihe dị mkpa. Onye na-akpachapụrụ ihe anya na-enwe ugwu na nsọpụrụ ma na-amụtakwa ihe

207a. *Ọ bụ naanị ọbere ihe ka a ga-ebechapụ n'ọnụ nkakwụ ọ ghọrọ óké.*
  b. Only a little thing is to be removed from the mouth of the shrew and it will become a rat.
  c. Ihe ụfọdụ jọrọ njọ bụ ọbere aka ka a ga-akpa ya ọ dị mma.
  d. A little touch on something that is not proportionate will make it good and suitable.

208a. *Onye enweghị nna na-agbara okwunaụka ọsọ.*
  b. A person whose father is dead carefully avoids trouble.
  c. Onye enweghị onye ga-azọ ya na-akpachapụ anya ka ọ ghara ịdaba na okwunaụka.
  d. He who has no one to defend him must always avoid anything that may land him into trouble.

209a. *Nsịkọ sịrị ụmụnna ya ọ bụrụ na egwuregwu ruo ichife aka n'azụ onye ọbụla agụnyekwala ya.*
  b. The crab told his kinsmen to count him out whenever any joke reaches the level of twisting arms.
  c. Onye ọbụla maara otu chi siri kee ya na-agbara ihe ọbụla ga-emerụ ya ahụ ọsọ.

d. One must always take precaution to shield self from harm especially when he can help it.

210a. *Kedụ ihe mmadụ ga-arachata n'ala ọkụ ọse e were fụchapụ ya ọnụ?*
   b. What is it at the bottom of the bowl of soup that a person is licking to justify the burning sensation of the pepper?
   c. Onye nwere ezigbo akọ na uche adịghị ekwe eme ihe ọbụla ọghọm karịrị uru dị na ya.
   d. A risky venture that has little or no usefulness is not worth trying.

211a. *Ọ bụrụ na a kpachaghị anya oge a na-akọwara onyeisi maka onye nwụrụ anwụ, ọ nwere ike bewere onye dị ndụ ákwá.*
   b. One should be careful when describing the identity of the dead person to a blind man lest he starts weeping for a living person.
   c. Ihe nwere ihe mgbagwojuanya kwesịrị ka e hie aka n'anya oge a na-akọwa ya ka onye ukwu na onye nta were ghọta ya nke ọma.
   d. Delicate matters call for more caution in handling them to avoid confusion and error.

212a. *E nwere dimgba mana e nwekwara apịtị.*
   b. One could be a skilled wrestler but he must appreciate the fact that there is also the power of slippery ground.
   c. Onye dị ike ekwesịghị iji nganga n'ihi na ihe karịrị ya onwe ya dịkwa ọtụtụ.
   d. An all-powerful man does not exist because there is something that can trip him.

213a. *A gaghị eji n'ihi na m nwere ọgwụ ókéàrà sị ka ókéàrà mee m.*
   b. I will not wish to be inflicted with the sickness of acute boil simply because I have the cure.

c. Ọ dịghị mma mmadụ iji aka ya tinye onwe ya n'ihe nramahụ ọbụladị na ọ maara ụzọ ọ ga-esi pụta na ya.

d. One must always avoid trouble in his life as much as possible even if he is sure of surviving it.

214a. *Ọ na-adị mma a na-achị aja ala n'abalị, ka a na-atụsa ya n'ahụ ka onye a na-achịrị ya were na-ahụ ya anya.*

b. When a suspect is swearing with sand in the night, he needs to be pouring the sand on the body for the complainant to be convinced.

c. Onye a na-ebo ebubo kwesịrị ka ọ gọọ agụgọ doro anya.

d. A person being accused should do everything possible to prove his innocence.

215a. *Onye akpachaghị anya oge ọ na-ajụ ihe nwunye ya mụrụ ọ jụọ ọ mụrụ ole?*

b. If one is not careful when asking the gender of the baby his wife has delivered, he may end up asking the number.

c. Onye ihe juru anya na-ekwuhie ọnụ.

d. A person who has a lot to do or say at the same time can easily make a mistake.

216a. *Ọkụkọ pụta ụra chụba mmadu ọsọ, ya gbaba n'ihi na ọ maghị ma ọ nabaara n'abalị puo eze.*

b. If a fowl starts pursuing someone in the morning, one should run for the bird might have grown teeth over the night.

c. Ọ dị mma mmadụ iburu ụzọ gbaa ọsọ ndụ ya tupu ọ malite ịjụ ajụjụ gbasara ihe na-achụ ya.

d. When you observe an unusual behaviour from a person you know well, take precautions.

217a. *Onye na-egosi nwata awọ n'ikpo nkume kwesịrị ka ọ na-emetụ ya aka n'ihi na nkume na awọ na-eyite onwe ha.*

b. A person identifying a toad to a child in a heap of stones should do well to touch it for the two resemble each other.

c. Onye na-akuziri umunatakiri na-ewetu obi ala ka ha were muta ya bu ihe nke oma.

d. Any person instructing a child ought to do that with more diligence and in greater detail.

218a. *Q buru na nwadibia akpachaghi anya oge o na-acho ihe di n'elu o dabaa olulu di n'ala.*

Q buru na nwadibia akpachaghi anya oge o na-acho ihe di n'elu o dabaa olulu di n'ala.

b. If a medicine man is not careful when searching for what is above, he may fall into a pit below.

c. Q buru na mmadu ehighi aka n'anya oge o na-acho ihe di ya oke mkpa o meta ihe nwerc ike ibawanye nsogbu ya.

d. Inordinate pursuit of one's ambition may land him into a great embarrassing disappointment.

219a. *Onye ndi mmuo na-achu oso adighi aga n'ogwugwu achita édé.*

b. Anyone who is being pursued by the fairies ought not go into a pit to collect cocoyam.

c. Onye na-eze ndu adighi abanye n'ebe ndi iro ya ga-enweta ya ngwangwa.

d. A person running away from his enemies should not expose himself to any security risk.

220a. *Onye mgbọ tụrụ nna ya n'isi na-eji iteọla akwa okpu.*
b. The man whose father received a bullet in the head uses an iron pot as helmet.
c. Onye ihe mere na mbụ adịghị ekwe ka ọ mee ya nke abụọ.
d. Nobody gives himself any chance to suffer a second defeat.

221a. *Ọkwe ngwa ngwa na-ekwe nke ọ kaara ịjụ, ebe ọjụ ngwa ngwa na-ajụ nke ọ kaara ịkweta.*
b. One who agrees without thinking accepts what he would have objected to while he who refuses in a hurry rejects what he would have accepted.
c. Onye na-emekarị ihe na-echeghị echiche adịghị emetacha ihe ọ chọrọ ime otu ọ kwesịrị.
d. Acting before thinking can lead to regrets.

222a. *Mgbá gidigidi na mmerụ ahụ na-eso.*
b. Serious wounds always accompany violent wrestling.
c. Ihe e ji nwayọ were mee na-abakarị uru karịa ime ya n'ọkụ n'ọkụ.
d. Something that is done hastily can result in damages.

223a. *Ọkụkọ sịrị na ya na-atụgbu atụgbu were loo ka ọ ga-abụ ọnwụ gbuo ya ka a hapụ ịsị na ọ bụ ihe ya loro gburu ya.*
b. The fowl says that it normally pecks any prey to death before swallowing it so that his death may never be blamed on anything he has eaten.
c. Onye na-akpachapụ anya tupu ọ mee ihe na-ara ahụ tupu ọ mee ihe a ga-ata ya ụta
d. A person who takes sufficient precaution rarely makes mistake.

224a. *Ọ bụrụ na awọ bu ụzọ daa olulu, ndị so ya n'azụ amụrụ akọ.*

b.   When the toad in front falls into a pit, the ones following it learn a lesson.
c.   Ọ bụ ihe mere mmadụ ka onye ọzọ ji amụta ihe.
d.   It is wisdom to learn from another person's mistake.

ISI NKE IRI NA ANỌ

ỊGBA MBỌ NA ADỊGHỊ IKE ỌRỤ

(Diligence and sloth)

Ndị Igbo tụrụ ilu sị na aka aja aja na-ebute ọnụ mmanụ mmanụ. Ngana kpuchie ute, agụụ ekpughee ya. Ọ bụ nkụ mmadụ kpara n'okorobịa ka ọ na-anya n'agadi. Onye ngana gaa kirie danda. Ha adịghị ezu ike n'ọkọchị ka afọ ha ghara ire ure n'udu mmiri. Ọ dịghị ugwu ọbụla dịịrị onye ngana n'ala Igbo n'ihi na Igbo kwere nke ọma na onye rụọ o rie. Ọ bụ ọkwa e nyere onye efurefu ka a na-enye onye ngana.

226a.   *E bute okpiri a ga-eti ụbịam, sị tie esoghị otu ụzọ n'ihi na ọ bụ ya na-eweta ụbịam*
  b.   Anyone wishing to hit poverty with a club must first of all target distraction and indecision, the roots of poverty.
  c.   Onye ọbụla na-achọ ibelata nsogbu ya kwesịrị ka ọ buru ụzọ chọpụta ihe butere ya.
  d.   Effective solution to any problem must first of all address the root of it.

227a.   *Nkịta sịrị na elemanya sokwa were bụrụ ọrụ.*
  b.   The dog says that gazing is a job of its own.
  c.   Ihe abụghị ọrụ n'anya ndị ọzọ nwere ike ịdị na-ara onye na-eme ahụ.
  d.   Every duty undertaken by man is tasking in its own way.

228a.   *Onye amaghị arị elu adịghị eritecha ala nna ya n'ekpe nke ọma.*
  b.   A person who does not know how to climb cannot benefit fully from his father's inheritance.
  c.   Ihe ọbụla mmadụ mụtara ka e si eme nke ọma nweriri mgbe ọ ga-abara ya uru.

d. Lack of proper skill can deny one of a particular benefit at any point in time.

229a. *Onye na- ejeghị ahịa n'oge na-azụ ihe ahịa jụrụ ajụ.*
   b. One who did not go to market early enough usually buys rejected commodities.
   c. Emeghị ihe n'oge ya nwere ike ime ka mmadụ tụfuo elele nwere ike ịbịara ya.
   d. Lateness in anything may lead one to miss a good opportunity.

230a. *Ọ bụ alo ka dinta ji agba àdáká égbè.*
   b. A hunter wishing to shoot an ape must use a lot of prudence.
   c. Ọ nwere ihe ndị e ji akọ na uche eme tupu e meta ya nke ọma.
   d. Delicate matters are better handled with great tact and carefulness so as to achieve the desired result.

231a. *Ọjije na ọlịla adịghị ekwe okporo ụzọ taa ahụ.*
   b. Going and coming does not allow the pathway to be overtaken by weeds.
   c. Ịgba ọke mbọ adịghị ekwe ka agụụ gbuo onye ọbụla ahụ siri ike.
   d. A healthy person must always have a way of keeping self going.

232a. *Mbekwu sịrị na ọ dị mma ka e were ehi were kwaa nna ya ma a sị ka a tụọ ụtụ onye ọbụla akpọla ya aha.*
   b. The tortoise says that it is good to slaughter a cow for the funeral ceremony of his father but nobody should mention his name if there is going to be a levy.
   c. Onye ọbụla chọrọ ihe mara mma ga-adị nkwadebe ikuchara ya okpofufu n'ihi na ọ dịghị ihe ọma na-ada n'elu.
   d. One who desires great things must be ready to work for it.

85

233a. *Oke ga-erutegodu ndị kwụ ọtọ ma ya fọdụzịa ndị tukwu ala.*

b. The people standing must first of all take their turn before it can come to those who are squarting.

c. Ihe ọma tosiri ibu ụzọ rute ndị na-agba mbọ tupu e chewe maka ndị umengwụ.

d. Diligent workers survive better than lazy ones.

234a. *A dịghị anọ u'ụlọ ebute ozu ọdụm.*

b. Nobody picks up a dead lion right inside his compound.

c. Onye umengwụ adịghị enweta ihe mgbe ibe ya nwetara.

d. A lazy person rarely actualizes his life ambition.

235a. *Nwata kwọchaa aka o soro ọgaranya rie nri.*

b. When a child washes his hands clean, he can eat with the nobles.

c. Ọ bụrụ na nwata emee ka okenye a kwanyere ya ugwu karịrị ya.

d. Mature behaviour is rewarded with high respect.

236a. *Ọ bụ naanị ụkwụ gbara apịtị na-eri ihe gụrụ ya.*

b. It is only that leg that is soiled with mud that enjoys whatever it likes.

c. Onye tara ahụhụ were kpakọba akụ na ụba mgbe ike dị ya adịghị mgbe nri na-akọ n'ụlọ ya.

d. There is great reward in hard work.

237a. *Onye a sịrị ya bịa buru ozu ọ sị na ya ebunubeghị ya mbụ, ọ ga-eji onye dị ndụ were mụta?*

b. One who declines an invitation to carry a corpse saying that he has not done it before, does he wish to start with a living person?

c. Ọ bụ site n'ime ihe ọbụla eme ka mmadụ si amụta ka e si eme ya nke ọma.

d. One gains the skill of doing anything by making a trial.

238a. *E jighị ụtụtụ anu iyi mmịmị.*

   b. Morning hours are too precious to be spent on frivorous oath-taking concerning pepperfruit.

   c. Oge e ji eme ihe bara uru adịghị mma ịla ya n'iyi.

   d. Precious time should not be wasted unnecessarily.

239a. *Ahịa lachaa udele enwere ọdụ ahịa.*

   b. When the market session is over, the vultures take over the stalls.

   c. Mmadụ na-aka emesakarị ahụ mgbe ndị karịrị ya anọghị nso.

   d. One is more of himself when he operates under an atmosphere of sufficient freedom.

240a. *Ewu mmadụ abụọ na-enye nri na-anwụ n'agụụ.*

   b. A goat that is fed by two persons is often starved to death.

   c. Ihe ọbụla ọha mmadụ zuru oke nwere, a dịghị elekọta ya anya nke ọma.

   d. Joint ownership often promotes gross neglect and inefficiency.

241a. *Akatiokpo enwebeghị ọhere were gbupụ akwụ chara ya n'isi ma ya fọdụ ịchọ nke agadi nwaanyi ọ ga-egbupụrụ ya.*

   b. The agama lizard does not have time to cut down the ripe palm bunch on its head and he is being asked to help an old woman with the same assignment.

   c. Ihe mmadụ enweghị ike imere onwe ya ga-ara ya ahụ imere onye ọzọ.

   d. It is difficult for one to help others with the same thing he cannot afford for himself.

242a. *Ọ bụrụ ọnụ ka e ji aba ọgaranya, onyeara ga-akacha ụmụnna ya.*

   b. If much talking is what it takes to be rich, the mad man would have been the richest amongst his kinsmen.

c. Onye oke okwu adịghị emepụta ihe buru ibu nke nwere ike ịtụ n'anya.

d. A man of many words often achieves very little.

243a. *Nwata ya na nne ya na-abụ édè na-abụta isi ndị mmụọ.*

b. The child that harvests cocoyam in the company of its mother regularly claims to have dug out the head of a fairy.

c. Onye nwere onye na-emere ya ihe adịghị agbado anya n'ihe ọbụla ọ na-eme ọkacha mgbe onye o chekwubere nọ nso.

d. A spoilt child does not show any sign of self-determination in whatever he does when it is necessary for him to do that.

244a. *Ọ bụ naanị onye kọrọ ji na-egwute ébé.*

b. It is only a person who has cultivated yam that can expect to dig out a yam beetle.

c. Ọ bụ naanị onye gbara mbọ nke ọma na-enweta ihe obi ya chọrọ.

d. Better things are achieved through hard work and diligence.

245a. *Ọ bụrụgodu na eze nchi fọdụrụ naanị otu, ọ ga-na-egbu achara.*

b. Even when the grass-cutter is left with only one tooth, it continues to cut grass.

c. Mmadụ na-egosi ihe ọ maara eme nke ọma ọ bụladị mgbe ọnọdụ dị njọ.

d. Difficulty does not stop effort that is vital in ones survival.

246a. *Ewi sịrị na karịa ma isi ya ga-ekpu anwụrụ ọkù, ọsọ gbuo ya na dinta.*

b. The bushrat has said that it is better to die with the hunter running, rather than submitting to the smoke he injects to suffocate him.

c. Ọ ka mma mmadụ ịhụsi anya ebe ọ na-azọ isi onwe ya karịama ịnwụ ọnwụ ihere.

88

d. No price is too much for one who is fighting to save ones life.

Ewi sịrị na karịa ma isi ya ga-ekpu anwụrụ
ọkụ, ọsọ gbuo ya na dinta.

47a. *Nwadibia sịrị na ọ na-abụ a na-akụ okoriko mbe, a na-ahụwanye ndị mmụọ.*

b. The diviner says that the more he knocks on the tortoise shell, the more of the spirits he sees.

c. Ọ bụ onye na-agbawanye mbọ na-ahụwanye ọganihu.

d. The more one consults his source of power, the more he draws strength to perform.

89

ISI NKE IRI NA ISE

ỊDA MBA

(Despondency)

Ịda mba bụ ọrịa. Ọ na-esi na mmadụ adịghị ike were mee ihe a tụrụ anya n'aka ya n'ihi obi nkoropụ. Onye nọ n'ụdị ọnọdụ a aghaghị ịbụ onye e meriri emeri. Mbọ ọbụla ọ na-agba nwere ike ịkụ afọ n'ala. Ihe mmewa obi dị iche iche nwere ike ibutere mmadụ ịda mba. Ihe dịka ọnwụ onye mmadụ hụrụ n'anya, ọkụ ọgbụgba, mmegbu maọbụ ụbịam ọnụ ntụ, ihe agazighị otu mmadụ siri chọọ. Ịda mba nwere ike ịdakwasị onye ọbụla ma bie ya aka ọjọọ, ma okenye ma nwata, nwoke, nwaanyị, ọgaranya, ọgbenye, onye ọrụ ugbo, onye ọchịchị na onye ọrụ aka.

248a. *E chinye mmanya ma a kpatụghị ya aka, ọ bụrụ nchitọba.*
  b. If the wine tapper does not go back to visit the treetop, it appears as if he has abandoned the tapping enterprise.
  c. Onye jị ọrụ dị mkpa n'aka kwesịrị ka ọ gbado anya na ya mgbe ncha.
  d. One who does not show sufficient interest in his investment is asking for a failure.

249a. *Udele sịrị na mmiri amaka ya n'afọ a, afọ ọzọ ruo, ọ ga-arụta ụlọ?.*
  b. A vulture that complains of too much rain-beating this year, is he going to build his own house by next year?
  c. Njọ ụbọchị zuru ọha mmadụ ọnụ ekwesịghị ka otu onye na-ebere ya akwa arịrị.
  d. It is needless to bemoan a helpless situation, which has gone beyond redemption.

250a. *Ọ bụrụ na a chụọ ma e nwudeghị a ga-arahụzị n'agụ?*
  b. Is one going to sleep in the forest if he has hunted and could not catch any game?
  c. Onye gbachara mbọ niile ma ọ nwetaghị uru ọbụla kwesịrị ka ọ hapụ ihe niile otu o siri hụ ya.
  d. One ought to accept every situation as it is after trying his best without success.

251a. *Ọkụko sịrị na ya maara otu e si akpata ejula kama na ya ahụghị onye ga-ejidere ya nkata.*
  b. The fowl says he knows how to discover snails only that there is no person following him with a basket.
  c. Onye na-eme ihe ma ọ hụghị onye na-enyere ya aka na-ada mba n'ihe ọ na-eme.
  d. Encouragement and motivation promote better result.

252a. *Ánụ agwọ na-atọ mmiri mmiri.*
  b. The meat of a snake usually has a watery taste.
  c. Nchekwube niile e tinyere n'atụmatụ ahụ dum amịtaghị mkpụrụ ọbụla.
  d. The entire hope raised on the whole thing has come to nought.

253a. *Ọ dịghị mma mmadụ kwụbachaa nwata ka ya onwe ya daa n'ala.*
  b. It is not good for one to allow oneself to fall down after helping the baby to stand.
  c. Ihe mmadụ na-eme na mbụ adịghị mma ka a sị na ọ makwaghị ka e si eme ya ma ncha.
  d. One should be able to put into use the experience that he has acquired in a particular action that he has done before.

]

Ọ dịghị mma mmadụ kwụbachaa nwata ka ya onwe ya daa n'ala.

254a. *Nza sịrị nwanne ya na ya atụọla anya ya n'agụ, tụọ n'akwụ were mara na aka ejidela ya.*

   b. The wren tells his sibling that having searched for him both in the nest and in the forest, it is time to conclude that he has fallen into a trap.

   c. Ọ nwere ebe mmadụ ga-achọruo ihe furu efu ọ mara na a gaghị ahụkwa ya ọzọ.

   d. There is always a stage at which one may rightly give up hope of making any success after a series of fruitless search.

ISI NKE IRI NA ISII

URU NA ỌGHỌM

(Gain and Loss).

Uru bụ ihe ọma, ọghọm bụ ihe mwute. Mmadụ na-azụ ahịa ka ọ nwee uru ma ọghọm bịara ya ọ gaghị egbu onwe ya. Onye na-agbakọ uru ọ ga-enwe, ya gbakọkwaa ọghọm. A na-ezere ọghọm ma ọ nwekwara nkụzi nke ya, ọ dịghị onye na-akpacha anya adabanye n'ọghọm. Onye daa ya bilie ka ọ ghara ịda mgbe ọzọ.

255a. *Mmadụ agaghị eji n'ihi na ubi nna ya eruka ahịhịa were gbahapụ ya.*
  b. A person should not abandon his father's farm simply because it has been overgrown with weeds.
  c. Mmadụ agaghị eji n'ihi na ọrụ chere ya n'ihu buru oke ibu were hapụ imalite ya ma ncha.
  d. The courage to start a difficult task is a major step to successful execution.

256a. *Aka na-aga n'agịga ọkụ na-agakwa n'agịga ọnụ.*
  b. The finger that goes by the corner of the plate also goes to the corner of the mouth.
  c. Ihe a na-agwa onye anyaukwu bụ na ihe atụchatara atụchata adịghị ezuru onye wetara ya.
  d. A greedy person is hardly satisfied by what he possesses.

257a. *Anụ e gburu egbu adịghịzị atụ ọbere mma egwu.*
  b. A slaughtered animal is no longer afraid of the kitchen knife.
  c. Onye ihe ukwu merela, ọbere ihe adịghịzị amapụ ya obi.
  d. A person who has seen enough difficulties is less frightened by lesser worries.

258a. *Nsịkọ sịrị na ya nwere isi abụọ ka ọnwụ hapụkwa igbu ya mana ọnwụ bịazịrị si n'etiti were gbuo ya.*

b. The crab says that he acquired two heads to escape death only to be attacked and killed from the middle.

c. Ọnwụ ga-egburịrị mmadụ ma oge ya ruo na-agbanyeghị ihe ọ mere ka o gbochie ya.

d. Death is inevitable and cannot be avoided no matter the strategy employed to do that.

259a. *A dịghị egbu nwadibịa n'ihi na onye ọ na-azọ nwụrụ n'ihi na ọ bụghị ọ zata ya ọ kpọrọ lawa n'ụlọ ya.*

b. A medicine should not be persecuted when his patient dies since he never intended to claim him after curing him.

c. Ihe mmadụ mebiri ebe ọ na-eme afọọma ekwesịghị ka o butere ya ntaramahụhụ na mmekpaahụ.

d. A good man is not to be punished for his goodness even when he makes a mistake.

260a. *Mgbe onyeụzụ na-eti igwe na-enyo ya anya mara na igwe ahụ adịghịzị mma nke ọma.*

b. It is only an impaired iron implement that the blacksmith beats with constant scrutiny and inspection.

c. Ihe nwere ike imebinahụ mmadụ oge ọbụla n'agbanyeghị otu o siri doo ya anya ka e si eme ya.

d. The proficiency and experience of any workman does not shield him from error.

261a. *Ọ bụrụ na ọ dịịrị isi mma, ọ dịịrị agụba.*

b. When the head is favoured, it also benefits the razor.

c. Ihe rutere mmadụ aka erutela nwanne ya.

d. It is better when goodness goes round.

262a. *Ana m agbara okwu ana m gbara ụka jiri abalị were lie ozu nne ya ka ọ were gbanahụ nsogbu ụmụada. Ma o ruo ka chi bọọrọ ụmụada si ya gosi ha ozu nwanne ha.*

b. The person who wanted to avoid the trouble of *ụmụada* secretly buried his mother in the night only to be confronted at daybreak by the very *ụmụada* to produce the corpse of their sister.

c. Ọ dịghị adị mfe imetali ihe ga-adị ọha mmadụ mma mgbe dum.

d. It is difficult to please everybody at the same time all the time.

263a. *A dịghị ahapụ ebe a na-echi ọzọ wee gawa ebe a na-arụ agwụ.*

b. It is not sensible to prefer attending an *agwu* ritual ceremony to an *ọzọ* title-taking feast.

c. Onye ọbụla hụrụ ebe ihe ga-akara ya mma adịghị ahapụ ya gawa ebe ọ ga-ahụsi anya.

d. Everybody prefers an option where he expects a better dividend.

264a. *Nkịta sịrị na ya na-ebi n'ụlọ onye na-akpụtara ya agba enyi.*

b. The dog says that he lives only in the house of a person who provides him with the jaw of an elephant.

c. Mmadụ na-ahụ onye na-emere ya ihe ọma n'anya karịa.

d. One is more favourably disposed towards the person he loves more.

265a. *Ewu dila n'ala, dilakwa n'elu akpụkpọ ya.*

b. The goat that is lying on the ground is lying on its own skin.

c. Ọ bụ ihe masịrị mmadụ ka o ji ihe ya eme.

d. One reserves the right to put his property to whatever use he so wishes to.

266a. *Onyeara sịrị na ọ dịbeghị ihe ya ga-agwa onye ji mma aga ya gburugburu ganye mgbe ya chọrọ isi ya achọọ.*

b. The mad man says that he has nothing to tell the person who is moving round him with a matchet until when he looses his head.

c. Onye enweghị uche adịghị eme ihe n'oge ọ kwesịrị iji gbochie ọdachi ganye mgbe ihe mebichara.

d. It is only a foolish man who takes no preventive action until it is very late.

267a. *Ogbuebunu bụkwanụ aha nwadibịa ọ bụghị aha ọzọ.*

b. Ram-killer is a name that is given to a diviner and not meant for an ozo-title man.

c. Aha a na-etu mmadụ na-adị ka ihe ọ na-eme.

d. There is something in a name that says a lot about its bearer.

268a. *Ihe ozu jiri tokarị akakpọ n'ogologo ka o jiri were hulata isi.*

b. Whatever height advantage a corpse has over a dwarf is cancelled whenever it eventually bends its neck.

c. Ihe ọma mmadụ nwere ma hapụ ichekwa ya echekwa aghaghị ifunahụ ya ngwa ngwa.

d. Anyone who does not take care of his fortune may quickly lose it.

269a. *Ọ bụrụ na nchiche ebie nwagbọghọ imi, mkparịta ụka ga-abụzị naanị nke ya na nne ya.*

b. When a lady loses her nose to yaw disease, it is only her mother that may be willing to engage her in a chat.

c. Ndị enyi mmadụ na-adịzị ọle na ọle mgbe ọbụla ajọchi dakwasịrị ya.

d. A person often loses many of his friends whenever misfortune visits him.

270a. *Ọ na-abụ nta dị mma n'ụbọchị mbụ, a chụchaa, a chụkwa ọzọ.*

b. It is only when the first hunting expedition proved successful that a second one can be undertaken.

c. Ike agaghị adị mmadụ gbakwa mbọ nke ọma ma ọ bụrụ na nke ọ gbara agba amịtaghị ezi mkpụrụ.

d. (For one to always contemplate) failure can occasion despair and discourage hardwork.

271a. *A mụta amaghị ihe na umeọmụmụ bụ nwanne.*

b. Begetting a foolish child is next to childlessness.

c. Ihe mmadụ nwere ma ọ dịghị egboro ya mkpa abaghịịrị ya uru ọbụla.

d. Things acquire value when they serve the purpose for which they were meant to offer.

272a. *Onye gwọrọ azụ eru ala, o chuola mmiri apịtị?*

b. A person who has procured a talisman for wrestling, has he gone to fetch from the stream with a slippery road?

c. Onye ji ihe ọ maara anyaisi, ya matakwa na ọ dị ọtụtụ ihe ndị ọzọ karịrị ya.

d. A person who is boasting of the much he knows may not know that much more are also beyond his comprehension.

273a. *Buru rie naanị gị abụghị ezigbo ihe.*

b. Take all and eat alone is not an offer from the heart.

b. Otu mmadụ siri kwuo okwu ka e si amata ihe o jighị obi ya were mee.

c. Ihe ọma mmadụ mere ibe ya kwesịrị ka ọ were obiọma were mee ya.

d. Cheerfulness glorifies charity.

274a. *Ọ bụrụ na agha daa okokporo ezoo n'okpuru àkwà ya.*

b. In time of crisis, a bachelor can comfortably hide under his bed.

c. Ihe mmadụ chere na ọ bụ ọghọm na-abara ya uru oge ọ tụghị anya ya.

d. What one considers an impediment can become of immense benefit to him at a point in time.

275a. *Nwata ya na okenye na-eso, ma ọ taghị ọse, ọ taa ọjị.*
  b. The child that accompanies an old man must always chew either kola or pepper.
  c. Onye na-emere mmadụ afọọma, ndị ga-egboro ya onwe ya mkpa adịghị akọ ya.
  d. One who is good to others often has good people coming to his aid when in need.

276a. *Ọ bụ ndị maara uru ọjị bara ka ọjị na-anọte aka n'ọnụ ha.*
  b. The kola nut lasts longer in the mouth of those who appreciate its value.
  c. Onye amaghị uru ihe bara adịghị akpọ ya ihe ọbụla.
  d. One who is not quite at home with the importance of anything may not appreciate its value enough.

ISI NKE IRI NA ASAA

IHE AGAGHỊ EKWE ỌMỤME

(Impossibility and Helplessness)

Ọ dị ọtụtụ ihe nke adịghị n'ike mmadu ime. otu ihe ndị a bụ ime ka chi foo maọbụ jie mgbe oge ya erubeghị. Ọ dịghịkwa onye nwere ike ime ka ọkọchị maọbụ udummiri gharazịa ịbịa mgbe oge ya ruru. Ọ dịghị onye nwere ike igbochi ọnwụ maọbụ mee ka nwoke ghọrọ nwaanyị. Ọ dịghịkwanụ onye nwere ike ịhụ chi ya anya maọbụ jụọ ya ajụjụ. Ọ nwere ihe ndị ọzọ nke mmadụ nwere ike ime. Ndị a gụnyere ịrahụ ụra, ịchị ọchị, ịgba mbọ na ịmụta ihe. Ọ dịghị mkpa mmadụ ịla oge n'iyi na-akpọ galị galị ime ihe karịrị ike ya. Inwe isi ọma erughị na nke ahụ n'ihi na mmiri anaghị ehuchigha azụ.

277a. **Onye ngwụrọ machagodu ọsọ ọ gaghị apụta mgba.**

    b. The lame man can still not come out for wrestling no matter how he sighed.

    c. Ọ dịghị mma mmadụ inye onwe ya oke nsogbu n'ọnọdụ ụwa ọ hụrụ onwe ya nke karịrị ike ya.

    d. It is needless being over worried about the condition one cannot actually help.

278a. *Ọkụkọ na-achọ iri mmụmụọnwa mana ọchịchịrị adịghị ekwe ya hụ ụzọ.*

    b. The fowl enjoys eating the glowing insect except for the inhibition by darkness.

    c. Ọ bụghị ihe niile mmadụ na-achọ ịnweta na-erucha ya aka.

    d. It is not always possible for one to possess all that he wishes to have.

279a. *Ọhịa ogwu mara ọkụkọ, mmadụ enweghị ike ịba n'ime ya.*

    b. No living person can enter into a thorny forest that could prick even a fowl.

c. Ihe tụrụ dike egwu, onye ụjọ agaghị anwale ya.

d. A wise person is always prudent in avoiding a looming danger.

280a. *E chebe ka awọ puo ọdụdụ were lụọ di, ọ nọrọ n'ụlọ nne ya were kaa nka.*

b. Anyone who insists that the toad must develop a tail before getting married is asking it to rot in his mother's house.

c. Mmadụ ịchọba ka ihe apụghị ime eme mee tupu ọ mee ihe dịịrị ya bụ oge ya ka ọ na-ala n'iyi na-egosikwa mmadụ achọghị ka ihe gaa agaa.

d. It is needless expecting an impossibility to become possible as condition for progress.

281a. *E jighị nwadibịa agba àjà.*

b. A medicine man is never a good material for preparing a talisman.

c. E jighị ihe mmadụ karịrị emekpa ya ahụ maọbụ yie ya egwu.

d. A war hero is never easily consumed in a minor skirmish.

282a. *Ebe agbọghọ mmụọ gbachara egwu daa ada, ịzaga gawa ebe ahụ ya chịrị ute.*

b. Wherever an *agbọghọ mmụọ* masquerade fell down while dancing, *ịzaga* masquerade may as well be advised to make its own outing with a seeping mat.

c. Ihe nyịrị odogwu n'ọmụme, efulefu jiiri nganga gawa ime ya aghaghị ịta onwe ya ụta.

d. Certain feats are naturally beyond the capability of some people even to make attempts.

283a. *Ogwuini, a dịghị ezonahụ ya ozu.*

b. The gravedigger must always be allowed a free access to the corpse.

c. Ikike rubere mmadụ adịghị mma ka a napụ ya nke ya.

d. Privileges that rightly belong to a person are not to be easily withdrawn with abandon.

284a. *Ji adịghị esi n'ọdụdụ epu ọme.*
   b. A yam does not shoot out a tendril through the tail.
   c. Ihe ọbụla emeghị otu ọ kwesịrị ka e si mee, adabaghị n'anya ya.
   d. Things are better done the proper way.

285a. *Ogologo nkwụ adịghị etofe na mba.*
   b. A palm tree by nature is not supposed to grow into another town no matter how tall.
   c. Mmadụ na-achọ udọ agaghị ahara ọke ya harakwa nke onye ọzọ.
   d. It is not proper to interfer with the right of other people.

286a. *Nwa eze adịghị efu na mba.*
   b. A king's son does not get lost in a neighbouring town.
   c. Onye maara ọtụtụ mmadụ na-enwe onye ga-azọ ya n'ebe ọbụla ọ nọ.
   d. Popularity is a defence.

287a. *E jighị mma ekwu eyi ọchịagha egwu.*
   b. A war hero is never frightened with a mere kitchen knife.
   c. Ihe mmadụ karịrị nke ọma adịghị mgbe ọ na-amapụ ya ọbi ma ọge ya ruọ.
   d. A brave man approaches a lot of challenges with immense courage.

288a. *Onye karịrị mmadụ n'afọ ga-akarịkwa ya na nkwọ.*
   b. A person who was stonger than one on an *afọ* market day may still be above him on *nkwọ* day.
   c. Onye na-ebusọ onye karịrị ya agha adịghị mgbe ọ ga-ebu n'uche na ọ ga-emeta ya ihe.
   d. One who is fighting a stronger enemy seems to be fighting a loosing battle.

289a. *Nkakwụ sịrị na ọ bụ opi nna ya ka ya na-afụ ọnụ ya were pịa ogologo, na ya afụbedịghị nke ya.*

b. The shrew says that his mouth became pointed when he was still using his father's trumpet, imagine what happens when he begins to blow his very own.

c. Ihe onye ajọ mmadu bu n'uche ọ ga-eme adịghị agwụ agwụ. Ọ bụ nke ọbụla ọ wepụtara a hụ ya.

d. A bad man always has one wicked act to throw up at one time or another and he can get worse with time.

290a. *Égbé adịghị ebu nsịkọ.*

b. The kite does not carry away the crab.

c. Ihe mmadụ adịghị eri adịghị agụ ya agụụ.

d. One does not desire what is useless to him.

291a. *Ebe ọkụ gbara mbe ji igwe were kwara uwe, ọ bụzị ọkụkọ bu ukwu abụba.*

b. The fire that was able to burn the tortoise despite its thick shell, what then will be the fate of the fowl with bundle of feathers?

c. Mmadụ kwesịrị iji ihe mere mmadụ ibe ya were mụta otu ọ ga-adị ya onwe ya.

d. Taking a lesson from past experience can provide a good recipe for certain problems.

292a. *A saba ikpere ụkwụ ka o si eji oji, mmiri na ncha agwụ n'ụlọ.*

b. Any person who insists on washing off the dark nature of the kneecap must be ready to waste all the water in the house.

c. Ọ bụrụ na e mebe ihe ọbụla ka a hụ isi ya ị mara na a ghaghị imebiga ya ọke.

d. One must not take delight in pursuing an impossible adventure.

102

ISI NKE IRI NA ASATỌ

IJI ỌFỌ NA OGU

(Righteousness/Fairness)

Onye ọbụla na-ekwu na ya ji ọfọ ma ọ bụ ọfọ maara onye ji ya. Onye ji ọfọ bụ onye nọ n'ụzọ ziri ezi. Ikpe amaghị ya. Ọfọ na ógù bụ nwanne. Onye ji ọfọ ga-ejidekwa ogu. Onye ji ogu aka ya dị ọcha. Onye ji ọfọ ikpe amaghị ya. Ọfọ bụ osisi ma ọ nwere ugwu na nsọpụrụ. Onye ji ọfọ ga-enwekwa ndidi ka ọ ghara ime ihe ikpe ga-eji ma ya n'ihi na ọ na-adị mma ka ụbọchị ikpe ka amara dị ọtụtụ. Ọfọ bụ eziokwu. Onye ọbụla alụkwala ògù ikpe ọmụma.

293a. ***N'ukwu osisi nwere áhà ka enyi na-edudebe enyi ya.***
    b. A person who wishes to see off his friend normally terminates the escort near a prominent tree.
    c. Ihe ụfọdụ na-eme na ndụ mmadụ na-abụ nnukwu ihe ịrịba ama.
    d. Certain great events in one's life often serve as milestones.

294a. ***Ọ bụ ụbọchị ndị nwe ọtá ka ha nwe mbá ọgụ.***
    b. A people's day for protest and demonstration is also their day of boast and making claims.
    c. Onye nwetara ihe ọ na-achọ kwesịrị ka ọ mekọrọ ha dum n'otu oge.
    d. It is good for one to make full use of the opportunity he has got.

295a. ***E butere dike ọgụ n'ụlọ ma ọ lụghị, ọ bụrụ ụjọ.***
    b. If a hero declines to take up the fight carried into his compound, he becomes a coward.
    c. Onye ụjọ adịghị ajọ ụjọ ma o ruo ime ya akaje na mkparị.
    d. One may be compelled to fight back when people begin to take him for granted.

296a. **Ọ bụ onye nna ya tụgburu na-atụgbute.**
  b. The son of a marksman may not also be missing his own target.
  c. Ihe ọbụla mmadụ mụtara n'aka nne na nna ya na-abara ya uru n'ọdịnihu na-adịkwara ya mfe ọmụme.
  d. Family virtues imparted on children guide them in future life.

297a. **Ọ bịara be onye abịagbula ya, ọ laba ka mkpumkpu ghara ịpụ ya n'azụ.**
  b. A guest should not bring misfortune unto his host so as not to incure hunchback when departing.
  c. Onye e meere ọgọ ekwesịghị iji ihe ọjọọ wee kwụghachi ụgwọ ya.
  d. It is not good to repay evil for good.

298a. **Ọ bụ aka abụọ ka mmadụ ji azọ ihe ya.**
  b. The owner normally defends his property with two hands.
  c. Onye na-azọ ihe bụ nke ya adịghị ele anya n'azụ mgbe ọ na-azọ ya.
  d. One acts with a very firm mind when he is sure of what he is doing.

299a. **Ihe a na-ahụghị n'afọ nne ewu adịghị mma ka a hụ ya na nke nwa ya.**
  b. Whatever that is not found in the abdomen of the mother-goat is not supposed to be seen in that of its kid.
  c. Ihe ọjọọ nke nne na nna adịghị eme ekwesịghị ka nwa ha malite ime ya.
  d. It is difficult to associate a bad behaviour with the child of a noble man.

300a. **Atụrụ sịrị na ya amaghị agba egwu mana e buru ya bata n'obi be nna ya, ya agbalịa ike ya.**

b. The sheep says that even if he does not know how to dance yet he will try his best whenever the music is staged inside his father's compound.

c. Onye ọbụla ihe ike chere n'ihu kwesịrị ka ọ bagide ya n'eleghị anya n'azụ.

d. Certain emergency situation may warrant an unexpected reaction and courage.

302a. ***Onye na-ama mbụrụ na-ebu ụzọ egosigodu eluigwe.***

b. Anyone who wants to aim and throw a stick at a treetop must first demonstrate it to the sky.

c. Ihe ụfọdụ na-adị mma ka a hapụ ime ya na nzuzo, ka ọha na eze soro ghọta ihe a na-eme.

d. Certain things are better done in the open for no person to be in any doubt.

303a. ***Ọ bụ ebu eme bụ isi ọfọ.***

b. Tradition readily comes to mind whenever *ọfọ* is the subject matter.

c. Ọ dịghị mma ka a hapụ otu onye ọbụla maara e si eme ihe ọbụla were mebe ya otu ọzọ.

d. There are things that are done in one particular way which are not supposed to be done in any other way.

304a. ***Ọ bụ puu bụ isi opi.***

b. "Puu" is usually the first sound of any trumpet.

c. Ihe ka mkpa na-adị mma ka e buru ụzọ mee ya.

d. First things are better done first.

305a. ***Anya mmiri na-aga n'ọwa ya.***

b. Tears run along its own particular channel.

c. Ọ dị mma ka mmadu na onye ihe na-adabara ya ibe na-emekọ ihe.

d. People with similar understanding tend to understand better.

105

e. One tends to associate more with a person of his own age mate.

ISI NKE IRI NA ITOOLU

IHE EDOGHỊ ANYA

(Ambiguity/Uncertainty)

Ihe edoghị mmadụ anya bụ ihe ọ mataghị ihe gbasara ya nke ọma. A sịrị na ihe onye amaghị karịrị ya. Mmadụ ga-ezere ime maọbụ itinye aka n'ihe edoghị ya anya. Ọ na-ebute ọghọm na ihu mgbarụ. Mee nke ị maara. Hapụ nke ị maghị. Mgbe ọnọdụ amaghị nke ga-adapụta dịịrị obodo maọbụ mmadụ, a na-achịrị echiche n'aka. Obi adịghị eru mmadụ ala. Onye amaghị ya jụọ ajụjụ maọbụ chere mgbe ọ ga-amata n'ihi na mgbe ọbụla mmadụ dabara n'ihe edoghị ya anya, ihe ụta na-eso ya. Ọ bụrụ na mmadụ were nganga were nụọ iyi, iyi ewere nganga gbuo ya. Nwee umeala n'ihi na ọ dịghị onye macha ha dum.

306a. *Enyi dupụtara enyi ya n'ukwu ube, ọ bụ ubere bere ka ọ bụ anya a hụrụ ka ọ bụrụ ya?*

   b. If a friend terminates escorting his friend at the pear tree, does it signify the end of the friendship or an urgent invitation to come again?

   c. Ihe mmadụ buuru ibe ya n'obi kwesịrị ka ọ mepụta ya n'ọmụme ka a hụ ya anya maka ịghọtahie ya.

   d. It is better to make the reservations of the inner mind known, to facilitate better understanding between two partners.

307a. *Onye na-achọ idoziri mụ na mmụọ okwu, ọ maara ihe na-esere anyị okwu?*

   b. One who dabbles into mediating in the misunderstanding between fairy and me, does he know the bone of contention?

   c. Onye na-etinye onwe ya na ike ya n'ime ihe agbasaghị ya na-ala oge n'iyi.

d. One's effort may not be appreciated when he wastes his time trying to intervene in a matter when he is not wanted.

308a. *Egbeigwe gbakarịa otu ebe ọ dị ka e zitere ya ezite.*
   b. When thunder concentrates at the same target, it looks as if it is being directed.
   c. Ọ bụrụ na ihe mberede emebezie oge niile, ndị mmadụ nwere ike chebe ihe ọzọ maka ya.
   d. What happens by chance becomes worrisome when it persists along a regular pattern.

308a. *Ọke sịrị na ọ bụ ya onwe ya nọ n'ime ọnụ kwesịrị ihụ ndị mmụọ, na ọ bụghị ikwighikwighi nọ n'elu osisi.*
   b. The rat says that since he resides inside a hole, he enjoys the vantage position of sighting the fairies before better than the owl that dwells on a treetop.
   c. Onye ọbụla ka ndị ọzọ were nọdụ ebe dị mma na-aka akọ maka ihe merenụ n'ihi na ebe mmadụ nọ mgbe ihe mere ga-emetụ otu ọ ga-esi were hụ ya.
   d. People give different reports about an event that they have witnessed depending on their mode of observation, position and bias.

309a. *Mmadụ abụọ na-agba ụlọ gburugburu, a dịghịzị ama onye na-achụ ibe ya ọsọ.*
   b. When two persons are running round a hut, it is usually difficult to say who is pursuing the other.
   c. Mgbe ọbụla mmadụ abụọ na-ekpe ikpe na-atụ asị, ọ na-ara ahụ ịchọpụta onye na-ekwu eziokwu.
   d. It is difficult to determine between two liars the one who is to be believed more than the other.

Mmadụ abụọ na-agba ụlọ gburugburu, a dịghịzị
ama onye na-achụ ibe ya ọsọ.

310a. **Ọ bụghị onye nọ ozu n'isi na-ekwu na ọ nwụrụ anwụ, onye nọ n'ụkwụ ya ana-ekwu na ọ dị ndụ.**

   b. When a person who is standing by the head of the corpse is testifying that it is dead, the one standing by its feet should not be believed if he is contradicting him.

   c. Onye na-akọwa ihe doro ya anya nke ọma ekwesịghị ka onye na enweghị ihe ọ maara maka ya na-agbagha ya.

   d. The testimony of a person who witnessed an event ought to command more credibility than that of any other.

ISI NKE IRI ABỤỌ

AMAMỊHE

(Wisdom)

Amamịhe bụ ezi echiche na nghọta na uru si n' iche ya pụta. Amamịhe bụ onyinye. Onye nwere ya bụ ọgaranya n'ihe niile. Onye enweghị ya bụ onye iberibe. Ọgaranya kachasị ọgaranya n'elu ụwa bụ onye nwere uche. Ọ bụ ihe ọma ma e chukwaa ya nke ọma were ya mee ihe ọma. Ọ bụkwa ọkụ na-agba ọzara mgbe e were ya rụọ ọrụ ọjọọ. Chọọ amamịhe, ma gbasokwa ya. Amamịhe kacha ibe ya bụ nke e nwere na Chukwu.

311a. *Ọ bụrụ na ike agwụghị okorobịa, ọ dịghị amata ihe agadi na-ahụ oge niile.*

b. It is only when a young man gets fatigued that he fully appreciates what an old man goes through every moment.

c. Ụfọdụ mmadụ adịghị amata uru inyere onye ọzọ aka bara ganye mgbe ha onwe ha dabara n'ihe nramahụ nke ha.

d. A person knows the importance of a particular situation after going through the experience himself.

312a. *Ntị ga-anụ ihe abụghị naanị mgbe ọ bururu ibu ka okpu.*

b. The ear must not assume the size of a hat before it can perform the duty of hearing.

c. Ọ dịghị mkpa ikwu ọtụtụ okwu tupu onye maara ihe ewere ghọtaba ihe a na-akụziri ya.

d. Too much persuasion is not necessary to convince a sensible man to do the right thing.

313a. *Agaghị m eji ka m were hata mmanụ añụ n'ukoro osisi were sị ka aka tụrịa m.*

b. I will not wish to have a withered hand simply because í wish to reach the honey in the hollow of a tree.

c. Mmadụ ekwesịghị iji ihe dara ọke ọnụ ahịa were chụọ aja maka ọbere ihe ọ chọrọ inweta nke agaghị abara ya uru nke ọma.

d. It is foolhardy for anybody to risk his life simply because he wants to achieve a particular material possession.

314a. *Ọ bụrụ na dinta amụta atụghị atụ agbaa, nwa eleke amụta efebe ebeghị ebe.*

b. If the hunter learns to shoot without aiming, the swallow will decide to fly without perching on any tree.

c. Ihe ọ masịrị nsogbu ya bube ibu, ọ ga enwerịrị otu e si egbo ya n'ihi na ọ bụ ọnọdụ na-eweta otu e si eso ya.

e. Critical problems attract drastic measures to stem them.

315a. *A dịghị eti anya ichi baa.*

b. A man who has just been tattooed does not open his eyes too wide.

c. Ihe ụfọdụ na-emebi ngwangwa kwesịrị ka e hiere ya aka n'anya.

d. Things that are delicate are to be handled with great care.

316a. *Ọ bụrụ na okwu dị kwuru kwuru e debe ọnụ kwụrụ kwụrụ were kwuo ya.*

b. When a matter demands prudence it is then prudently handled.

c. Otu ihe sịrị dapụta ka e si ahazi ya.

d. Occasions are tackled according to how they arise.

317a. *O ji taa eri adịghị ama na onye echi ga-enweta nke ya.*

b. A person enjoying his own today often forgets that tomorrow could be the turn of another person.

c. Ụbọchị ọma adịghị adịgide n'ụlọ otu onye mgbe ọbụla.

d. No condition is permanent.

318a. *Onye amaghị onye karịrị ya adịghị amata onye ọ karịrị.*

b. One who does not recognize a person who is stronger than him will surely not know the one who is weaker than him.

c. Onye adịghị akwanyere mmadụ ugwu adịghị enwe ugwu n'ebe ndị ọzọ nọ.

d. A person who does not respect anybody should not expect to be given honour by others.

319a. *Onye a na-akpọ bịa rie achịcha ojoko ọ na-agbakaba iru, ọ chere na ndị na-eri ya, na ọ na-atọka ha ụtọ?*

b. A person who is frowning because he has been invited to come and eat unripe plantain chips, does he think that those eating it have been enjoying it.

c. Onye a kpọrọ rụọ ọrụ ekwesịghị ịgba ọsọ n'ihi na ọ dịghị onye ọrụ na-atọ ụtọ.

d. Nobody should shy away from any responsibility, as it is never the exclusive charge of anyone.

320a. *Ọ bụrụ na onyeisi asịba gị na ya ga-atụwa gị isi, ị mara na ọ nwere okwute ọ zọdoro ụkwụ.*

b. If a blind man threatens to break your head with a stone, then, know that he is already hiding one under his foot.

c. Mgbe onye eleghị anya na ọ ga-eme ihe nyabara isi na ya ga-eme ihe ahụ, mara na ọ nwere ihe gbara ya ume.

d. Do not disregard any threat even the one from a weakling for he may have planned a surprise.

Ọ bụrụ na onyeisi asịba gị na ya ga-atụwa gị isi, ị
mara na ọ nwere okwute ọ zọdoro ụkwụ.

321a. *Ihe dị iche dị n' onye nwụrụ anwụ na onye na-arahụ ụra.*

b. There is a clear difference between a sleeping person and a dead man.

c. Otu ọ masịrị ọnọdụ mmadụ ya dị, ọ ka nke ọtụtụ ndi mmadụ ndị ọzọ mma.

d. A living person always has a better chance than a dead man.

322a. *Ihe a na-agwa onyeisi bụ na mmanụ adịghị n'ọfe, ọ bụrụ na nnu adịghị ya ọ ga-amariri.*

b. A blind man can only be told when the soup contains no oil, he will definitely know if it lacks salt.

c. Ọ bụghị n'ihe niile ka a na-aghọgbutecha mmadụ mgbe dum. Ọ nwere ndị ga-edo ya anya nke ọma.

d. Self-evident facts do not call for any further elucidation.

323a. *Ọ bụrụ na mmadụ abụọ maara ihe nke ukwuu mekọọ ihe, a dịghịzị achọ onye ga-atụrụ ha alo.*

b. When two wise men have a deal, they don't need any other person to counsel again.

113

c. Ihe na-adabakariri mmadu abuo nwere otu onyinye maobu akparamagwa.
d. People with similar character tend to love and understand themselves better.

324a *Ọ bụrụ na afọ na- agba, ụsụọgụ a na-enwewanye imi.*
b. *Ụsụọgụ*, the bat, acquires more nostrils as it continues to spend more years.
c. Onye na-emewanye okenye kwesịrị ka ọ na- amawanye ihe.
d. More years ought to go with more experience and wisdom.

325a. *Onye ọke tara arụ gaa ya mbọ, ọ na-echezị ka ọ makwụọ ya ụra.*
b. A person who has received a scratch and a bite from a rat, does he want the rat to slap him as well?
c. Mmadụ ekwesịghị iche ka ihe mee ya ọtụtụ ugboro tupu ọ malite ịzọ onwe ya.
d. One should make effort to save oneself from further harm if he has the opportunity to do so.

326a. *Mkpi sịrị na njepụ amaka n'ihi na ya jere ikwunne ya were mụta ka e si asọli imi elu.*
b. The he-goat says that the experience of traveling is very rewarding for it was through visiting his grandmother's place that he learnt how to jerk up the upper lip.
c. Onye adịghị agaghari agaghari adịghị amatacha ihe ọ kwesịrị ịmata.
d. Exposure and traveling enrich ones experience.

327a. *Ochie dibịa chụọ aja ọ dị ka ọ nyere mmụọ n'aka.*
b. When an experienced diviner offers a sacrifice, it is as if it was delivered into the waiting hands of the fairies.
c. Ihe na-adaba n'anya ya nke ọma ma ọ bụrụ na onye ihe doro anya emee ihe a chọrọ.

d. Perfection is quickly achieved when experts are allowed to handle what they know how to do very well.

328a. *Nwata na-amaghị nne ya adịghị achọpụ ya n'ụzọ ahịa.*
   b. A child who does not know his mother well should not go out to meet her on her way back from the market.
   c. Onye ihe ọ na-eme edoghị ya anya adịghị eji ya anyaisi.
   d. Ignorance easily leads one into great error.

329a. *Mbe sịrị na e buru ya n'isi na ya ga-amata ubi ọ bụ nwata kọrọ.*
   b. The tortoise says that when he is being carried on the head, he could easily point out the farm cultivated by a small boy.
   c. Onye bụ onye adịghị ike ọrụ na-ebu ụzọ akatọ ihe onye ọzọ rụpụtara.
   d. A lazy person often delights in discrediting other people's achievement.

330a. *Ọ bụ naanị okenye nọ n'ụlọ maara diọkpara ọkụkọ.*
   b. It is only the old man at home that can point out the first issue of the fowl.
   c. Onye hụrụla ihe ọtụtụ oge na-ama ihe omimi dị na ya.
   d. The person who is well versed in a particular matter knows a lot about the details involved.

Ọ bụ naanị okenye nọ n'ụlọ maara diọkpara ọkụkọ.

331a. *Ọ bụ nwa awọ gwara nwa agwọ na ihe ahụ nne ya gwara ya na nne nke ya onwe ya gwakwara ya otu ihe ahụ.*

b. The infant toad told the baby snake that whatever the mother-snake told him, that his own mother has also informed him about the same thing.

c. Ihe onye aghụghọ ọbụla maara ibe ya makwaara ya.

d. Deceit thrives most when cunning people meet.

ISI NKE IRI ABỤỌ NA OTU

ỊDỌ AKA NA NTỊ NA ỊNYE NDỤMỌDỤ

(Caution and admonition)

Ịdọ aka na ntị na-enyere mmadụ aka ịkpa ezi àgwà nakwa ịkpachara anya. Ọ na-enyekwara mmadụ aka ịgbanahụ nsogbu nke o jiiri mkpachi ntị na-achọ ịdaba. Ịdọ aka na ntị dịịrị ndị okenye na onye ka ibe ya mara. Ọ dị mkpa mgbe mmadụ na-achọ imebọ onwe ya maọbụ mee ihe ga-ewetara ụta na ileda anya. Ịdọ aka na ntị na-aka aba uru ma e mee ya n' ezi oge n'ihi na enyi m agwara m gị agwa na enyi akaara m ịgwa gị abụghị otu ihe. Ụba dị na ntị ma onye a gwara kwere. Ịdọ aka na ntị kacha mma bụ nke mmadụ dọrọ onwe ya maka na izu ka mma na nne ji.

332a. *Ka m jee ka m pụta na-ama ókwà nri.*

b. A person who hints that he is coming back must be having his own share of the food in mind.

c. Ọ bụ mmadụ kpaa agwa ụfọdụ ka e ji amata ihe o bu n'uche.

d. A person's word or action at times betrays the hidden intentions of the heart.

333a. *Ọ bụrụ na nkakwụ dị ndụ na-esi isi otu a, kedụzị otu ọ ga-adị ma ọ nwụọ anwụọ?*

b. If the shrew stinks this much now that he is still alive, what is going to be the situation when he is dead.

c. Onye dị na nwata gbaa ajọ mmadụ, ọ dịghị onye maara ụdị mmadụ ọ ga-abụ n'okenye ya.

d. If one is not sincere in ones early years, he may likely be worse in later years.

334a. *Nkịta ọ na-ata ọjị ihe ọ na-akpa ya?*

b. A dog does not eat kola nut unless it is looking for trouble.

c. Ọ dịghị onye nwere uche ga-akpachara anya mee ihe ga-ala ndụ ya n'iyi.

d. Somebody in his right senses does not do things that will compromise his source of happiness.

335a. *Ọkụkọ na-eri ngwere, mara na ọ bụ nwangwere (atịtị), n'ihi na ọ gaghị eri akatiokpo.*

b. If one says that a fowl can eat a lizard, he must have meant the tiny little ones definitely not the *agama*.

c. Onye a na-emeri ngwangwa bụ naanị onye ike adịghị, ọ dịghị adị ọfere imeri dike n'agha.

d. It is very difficult to overcome the might of a strong man.

Ọkụkọ na-eri ngwere, mara na ọ bụ nwangwere
(atịtị), n'ihi na ọ gaghị eri akatiokpo.

336a. *E jighị ábịà anọ egwu ọnwa.*
  b. The funeral drum (abịa) is never good for moonlight plays.
  c. Ihe dị ọke mkpa adịghị mma iji ya mee ihe egwuregwu nke enweghị uru ọ bara.
  d. Things of great value are not to be used for trivial purposes.

337a. *Ọ bụrụ na mma atọ n'ọbọ, ọ dịghị mma áká tọkwuazịa n'ọbọ.*
  b. If the sword is strucked in the scabbad, the hand must not be allowed to be strucked in it too.
  c. Onye mmadụ chekwubere mgbe ọ ga-azọpụta ya na nsogbu adịghị ka ya onwe ya dabakwa n' ihe ọghọm nke ya.
  d. Certain misfortunes are not to be allowed to repeat themselves.

338a. *Ọke na-agaghạrị n'okpuru okwute e dobere n'elu (ogidi) na-achọ ihe ga-eti ya mbadamba.*
  b. The rat that is wandering under a suspended rock is asking to be flattened.
  c. Onye hụrụ ebe ọdachi ga-esi adakwasị ya kwesịrị ka ọ gbaara ya ọsọ.
  d. Potential sources of danger are to be avoided by all means.

339a. *E were ọbere bee ọnụzọ, nnukwu gafeta ọ gaghị ekwe ya agafe.*
  b. When the measurement of the gateway is small, no big size can pass through it.
  c. Ọ dị mkpa ka e nye ọhere maka ihe nwere ike ịdapụta n'ọdịniihu mgbe ọbụla mmadu na-eme ihe.
  d. It is good to make a reliable allowance for future contingencies in life.

340a. *Onye atụ gburu nna ya adịghị eji mpi atụ añụ mmanya.*
  b. A person whose father was killed by a buffalo does not accept to drink with the animal's horn.

c. Ọ bụ naanị onye iberibe na-ekwe ka ihe butere ọdachi na mbụ mekwaa ya nke abụọ.

d. One who has suffered a particular misfortune in the past does everything possible to avoid a repeat experience.

341a. *Ọke nkịta ji isi anya ọkụ, ọ makwaara na ajị dị ya n'isi?*

b. The male dog that uses his head to receive warmth in the hearth must keep in mind that there is plenty of hairs on his head.

c. Onye jụrụ ịkpachapụrụ ndụ ya anya aghaghị ịdaba na nsogbu mgbe adịghị anya.

d. One who is careless about his personal welfare will be endangering his life in the process.

342a. *Ọ bụrụ na ihe emeghị nwata n'akpịrị, ọ dịghị ama na ilo asọ mmiri bụ nnukwu ọrụ.*

b. It is only when a child is suffering from a sore throat that he realises that to swallow ordinary saliva is a difficult task.

c. Onye anya erughị ala adịghị amata na ihe ụfọdụ bara ọke uru ganye mgbe ihe ụfọdụ dakwasịrị ya.

d. A person appreciates more the value of what he has during the time of necessity.

343a. *E jighị ázụ atụ óké ahịa.*

b. There is no precaution at all in sending a rat to the market on a mission to buy fish.

c. Onye akpịrị ogologo adịghị mma ka e nye ya ihe na-amasị ya ka ọ debere ọha mmadụ.

d. A greedy person is never trusted with the custody of whatever that appeals to him.

344a. *Onye nwere nkakwụ bechalata ya ọnụ ka onye nwere awọ zọpịa ya afọ.*

b. Let any one who has a shrew reduce the length of its mouth and the owner of the toad press down the stomach.

119

c. Onye chọrọ ka ihe dị mma n'obodo kwesịrị ka ọ malite n'ụlọ nke ya were dozibe ihe mebiri emebi.

d. The responsibility of sanitizing a community must be a collective enterprise.

Onye nwere nkakwụ bechalata ya
ọnụ ka onye nwere awọ zọpịa ya afọ.

345a. *Igunkwụ gwara ọmụ na ọ gadịghị adị anya ọ malite hụba ihe ya onwe ya na-ahụ n'elu nkwụ.*

b. The palm leaf told the palm shoot that whatever hardships that made him look the way he does will also be his lot very soon.

c. Nwata na-achị nna ya ọchị n'ihi na ọ nọ n'ahụhụ ga-emechaa hụbakwa ihe nna ya na-ahụ.

d. The physical advantage which a youth enjoys over an aged person is only a question of time.

346a. *Mmanwụ ụmụnna ya na-asị ya lee anya n'azụ kwesịrị ka ọ mata na mmanwụ ya ezughị ọke.*

b. When the kinsmen of a particular masquerade are asking it to look back, that must be a signal that something is lacking in his costume

c. Onye ọbụla ọhanaeze na-adụ ọdụ kwesịrị ka ọ gee ha ntị n'ihi na ha agaghị aghọgbu ya aghọgbu.

d. One should not ignore useful advice especially if it is coming from those who know him very well.

347a. *Ọ bụrụ na ngwere sobe nkakwụ ọ bụrụ anụisi.*

b. When a lizard goes about in the company of a shrew, it becomes a smelling reptile.

120

c. Onye ya na ajọ mmadụ na-eme enyi adịghị ara ahụ ọ mụta ihe ọjọọ nke ọ naghị eme na mbụ.

d. Bad company corrupts good moral.

348a. *Ọ bụ site n'ajụjụ ka e si ahụ mkpi mmụọ.*

b. It is by asking questions that one could trace the whereabout of the deity's he-goat.

c. Ihe na-efu efu, a na-aka ahụ ya ngwangwa ma a dị ọtụtụ were na-achọ ya.

d. Effective search is made very easy by teamwork and inquiry.

349a. *Enyi m agwara m gị agwa bụ ezi enyi, ma enyi m akaara m ịgwa gị abụghị ezigbo enyi.*

b. My friend I told you is always from a good pal but I would have told you is from a useless friend.

c. Onye hụrụ ihe ọma ọ ga-emere mmadụ kwesịrị ka ọ meere ya n'oge ọ ga-abara ya ezi uru.

d. Charity delayed is considered denied since a useful advice is the one given in good time.

350a. *Ọ bụrụ na ọmara ezi m anọghị n'ụlọ, nkịta erie ihe e debeere nwata.*

b. If a good adviser is not in the house, the dog normally eats what was kept for a child.

c. Okenye nọ n'ụlọ nwere ihe ọ ga-ezi nwata nke uche nwata ahụ agaghị eru na ya.

d. The presence of an experienced man can be useful in time of advice especially for the benefit of young people.

351a. *Agaghị m agwa agadi nwaanyị zie imi n'ihi na ọ bụghị m ga-ata isi ya ma ọ nwụọ.*

b. I may not wish to ask any old woman to clear her nose since i am not going to eat her head when she dies.

c. Ọ dịghị mkpa mmadụ ịdọgbu onwe ya n'ihe na-agbasaghị ya ọkacha mgbe ndị ọ gbasara na-achọ ka ọ nyere ha aka.

d. One does not need to worry oneself so much about something that does not concern him especially when those concerned are not interested in seeking his assistance.

352a. *Nwadibịa mkpụrụ ego na-ebu nke ọgụ ego ụzọ agbaju akpa ya.*
  b. The diviner that charges one cowrie fills his pocket before the one who collects twenty cowries.
  c. Onye ọbere ihe na-atụ n'anya na-ebu onye anyaukwu ụzọ enweta ọganiru n'ihi na ihe ukwu adịghị abịa oge dum.
  d. He who is always contented with little things often enjoys more prosperity and peace of mind than the greedy one.

353a. *Ọ bụ ụbọchị mmadụ riri ọké ji dị n'ọba onye ọzọ ka o riri nke dị na be nke ya.*
  b. The day a man ate the fat yam in another man's ban is the day he has indirectly consumed the one in his own barn.
  c. Onye ọ na-adị ụtọ iri nke mmadụ ga-adị nkwadebe maka mmadụ iri nke ya.
  d. One who delights in receiving must also be prepared to be charitable.

354a. *Ọ bụrụ na ọkpanseke anọghị n'ubi, ji a wara awa adọrọ n'akọghị akọ.*
  b. If there is nobody to ginger the workers in the farm, the yam seedlings will be uncultivated.
  c. Ọ kwesịrị ka e nwee onye na-akpalite mmụọ ndị mmadụ ka ọrụ e ji n'aka wee na-aga nke ọma.
  d. There is always the need for a good motivator if any set goal is to be achieved.

355a. *Onye na-amagbu nwankwụ ya chetakwa ụbọchị a ga-agba ọgige.*
  b. Anybody who is persecuting a young palm tree should not forget the day of making a fence.

c. Onye na-emegbu onye enweghị mmadu taa cheta onye ahụ nwere ike nyere ya aka n'oge ihe ga-adị ya oke mkpa.

d. One must always consider the future in whatever decision he takes.

356a. *Ọ bụrụ na okenye agwa nwata ya egbula agwọ ọ bụghị ka agwọ were hapụ ịgwụ n'ọhịa kama ọ bụ ka agwọ hapụ ịtagbu ya.*

b. When an old man restrains a child from trying to kill a snake, it is for the safety of the child and not to preserve the life of the reptile.

c. Ndụmọdụ okenye na-enye nwata abụghị mmegbu kama ọ bụ maka ọdịmma nke ya.

d. Any advice from an elder to a child must be for his own good and welfare, as no sensible old man will ever go all out to deceive the young.

357a. *Nwaanyị adịghị ama uru di ya bara ganye mgbe ọ ghọọrọ ajadu.*

b. A woman rarely appreciates the place of her husband in her life until she turns into a widow.

c. Mmadụ adịghị amatacha uru ihe ọ nwere na-abara ya ganye mgbe ọ funahụrụ ya.

d. One takes what he has for granted until he loses it.

358a. *Ọ dịghị ebe e si ime ala eje na-abụghị be ndị mmụọ.*

b. Any person traveling underground has no other destination except the land of the fairies.

c. Ajọ agwa adịghị ihe ọ na-abara onye ọbụla karịa ịweta ọghọm.

d. No positive dividend ever comes from bad habit except regrets.

359a. *Ihe a na-achụrụ ọkụkọ n'isiakwụ bụ ka ogwu ghara
ịmapịa ya anya, ọ bụghị ka akwụ ghara ịgwụcha.*

b. When the fowl is being hushed from the palmbunch, it is to save the fowl from losing its eyes and not to preserve the palmfruits.

c. A na-emere onye nzuzu ihe ga-abara ya uru, ọ chee na ọ bụ mmegbu ka a na-emegbu ya.

d. It is difficult to convince a foolish man to accept a good suggestion even the one that directly affects his welfare.

360a. *Ijiji na-enweghị onye ndụmọdụ na-eso ozu ala n'ime ili.*

b. A housefly that has no adviser usually enters into the grave with the corpse.

c. Onye adịghị ege ntị n'okwu mmadụ ọzọ na-agwa ya na-adaba n'oke nsogbu mgbe ọ cheghị maka ya.

d. One who refuses to heed useful caution often lands himself into some avoidable tragedy.

361a. *Ọhịa na-asọ nkata ya epukwala ero.*

b. The forest that does not want basket must not grow mushrooms.

c. Onye ọbụla na-achọ udo adịghị mma ka ọ na-eme ihe ga-ese okwu.

d. One should not do anything that will bring unto oneself an experience he would rather not wish to have.

362a. *Onye gbachara ọsọ ka nwoke adịghị mma ka o kube ume ka nwaanyị.*

b. A person who has run a race like a man should not start panting like a woman.

c. Ihe mmadụ bidoro nke ọma adịghị mma ka ọ kwe ka ọ mebinahụ ya na ngwụcha.

d. Whatever that began well must be made to end well.

363a. *A dịghị agwa onye ọke afụọnụ erikwala ọfe ọkwụrụ kama ọ bụ ihe ọ hụrụ ọ were.*

124

b. It is not necessary to advise a long-bearded man against licking *okro* soup but that he should be prepared for whatever that arises therefrom.

c. Onye ji aka ya kotere onwe ya ahụhụ ga-adị nkwadebe ịnabata ihe ga-eso ya.

d. One who disposes oneself for risk must also be ready for some unpleasant consequences that may result.

364a. *ụ́kwà adịghị ere ụbọchị ọ dara.*

b. The breadfruit does not decompose the very day it fell from its tree.

c. Atụmatụ ọma adịghị amịta ezi mkpụrụ ụbọchị a malitere ya.

d. Noble plans often do not mature on the day they are hatched.

365a. *Uru ọbụla adịghị n'ụkwụ ụkpana.*

b. There isn't much flesh in the leg of a grasshopper.

c. Ọ dịghị ihe ọma ọbụla dị n'ime ihe ọjọọ ọbụla.

d. There is no benefit from any irresponsible behaviour.

366a. *Ka e letachaa ka mgbọ ji atụ ènwè n'ihu.*

b. Curiosity exposes the forehead of a monkey as a target for bullet.

c. Ihe àgwà ọjọọ mmadụ ahụ na-ebutere ya nsogbu oge ọ tụghị anya ya.

d. Uncontrollable habit could lead to an unforeseen tragedy.

ILU A GWARA ỌGWA

1.Ọ na-adị mma e nwude dike n'ala, ka mgba bụrụ ugboro abụọ.
Once the hero has been thrown down, it is normal for the opponent to wish that the wrestling bout would go for a second round.

2. Onye na-eje ọgụ ga-adị nkwadebe ịgba mgba.
A person going out for a battle must be ready to take wrestling for granted.

3. Ihe na-ata arụ a dịghị ejide ya n'ọdụ.
Any animal that can bite is never held by the tail.

4. Onye na-achọ inwe ọke afụọnụ kwesịrị ibu ụzọ chọta onye ga-afụnwuru ya ọkụ.
A person who desires to have a long beard must first of all arrange for some who will be making his fire for him.

5. Ka egwu anyi gbafọrọ dịbazịa ụbọchị otigba ga-akwa nne ya.
Let our remaining dancing styles be reserved for the day the drummer will hold the funeral ceremony of his mother.

6. Aga m agbachaara gị afa malitekwa ịdụ gị ọdụ, ọ pụtara na okenye anọghị n'obodo unu?
I am not prepared to sit in divination for you and at the end be expected to give you advise as if you do not have elders in your town.

7. Onye ọ bụla ga-eje nta agụ ga-eyite uwe igwe.
Any person who wants to hunt for a lion must first of all put an iron vest.

126

8. Ụtaba na-aka mma n'imi ndi okenye.

Tobacco is always more suitable in the nostrils of elders.

9. Mkpịsị aka adịghị akarị ọghere imi.

No matter the size of the finger, it must never be bigger than the nostril of its owner.

10. Ọ bụrụ na e chebe ka ndị n'ile dị ime mụchaa nwa, ị mara na ndị mụrụ amụ nwere ike ịdịkwa ime ọzọ.

If we decide to wait for all pregnant women to put to bed, then those who delivered first may become pregnant again.

11.Nkịta sịrị na ya maara na ahịhịa dị ụtọ mana ya taba ya a kpọọ ya ewu.

The dog says that even though he knows that grasses could be sweet to eat but he does not want to taste it for fear of being labeled a goat.

12. Ọ bụ ụta ekweghị nke ọma na-adọbi oge a na-achọ ịgba nza.

It is only a badly prepared bow that can snap even when the target is a wren.

13. Nsịkọ sịrị nna ya were ihe ọ ga-eji zụtara ya ntị were zụọrọ ya anya n'ihi na ihe anya hụrụ na ama adịghị agba ya.

The crab asked his father to buy him an eye instead of an ear because whatever the eye sees does not require a witness.

14. Ọ bụ nanị nwata na-eti akụ ewegara okenye ka ọ na-azọtara nkume.

It is only that child that gives a cracked palm nut to an elder that enjoys his protection whenever the stone is in dispute.

15. Onye na-eri éké adịghị adụ onye na-eri mbekwu ọdụ.

He who eats python does not have any moral ground to give advise to another who eats tortoise.

16. Nkakwụ hụrụ égbé na-agba ọsọ égbé ọ kwetala iburu ya?
The shrew that runs for cover from a hawk, does he think that a hawk will ever accept to pick a shrew?

17. Arụsị ọ bụla nwata nọ n'isi ya, ọ naghị ara ya ahụ igbu mmadu.
Any deity that has a child as its chief priest does not hesitate to kill an offender.

18. Onyeara sịrị na ya a chọbeghị ibefucha anya mmiri ya n'ihi na ọ ga-adị ya mkpa n'ụbọchị ọnwụ nke ya.
The madman says that he does not yet want to waste his tears since he will still need it on the day of his own death.

19. Onye chọrọ ịgụ ézé agadi nwaanyi ọnụ ya nye ya mmanya gbakara agbaka.
Anyone who wishes to count the teeth of an old woman only needs to offer her cheap wine.

20. Mbe sịrị na onye karịrị ya tụọrọ ya ọgụ ya emee ya ka ọ ghọrọ mgba.
The tortoise says that if a stronger man decides to fight him, he will quickly convert the duel into ordinary wrestling.

21. Mgbada sịrị na ihe na-achụ ya adịghị ekwe ya enwude ihe ya na-achụ.
Mgbada, the animal, says that what is after him does not allow him to catch what he pursuing.

22. Ọ bụ naanị onye enweghị nwanne na-anya akpa agba egwu.
It is a man who has no relative that can seen carrying his bag while dancing.

23. Onye na-asọ ịmụ amụ ya hapụkwa ịta atụ.

He who does not want to laugh must not have to do with chewing stick.

24. Ọ na-abụ e richaa nri ma akpọghị ụtaba ọ dị ka e jiiri iwe were rie ya.

Eating food and nothing taking snuff makes it appear as if was taken with annoyance.

25. Ọ dịghị mma ka mmadu nwechaa nkịta werekwa aka ya na-agbọ ụja.

A person who owns a dog should be seen barking by himself.

26. Ọ dịghị mgbe asọmmiri ga-ezu ịkwọ aka.

There is never a time when spittle will ever be enough for washing hands.

27. Onye ọ bụla maara na ihe dị iche dị n'etiti akwụkwụ na dimgba.

Everybody knows that there is great difference between epilepsy and convulsion.

28. Ọ na-abụ e were ajọ mmadu were kpọchie ọnụụzọ ị mara na ọnụụzo ka ghe ọghe.

When an evil man is used to lock the gate it only means that the gateway is still open.

29. Onye amaghị ihe n'elu ilu agaghị ama ihe na-atọ ụtọ.

He who does not know the bitterness of anything will surely appreciate the sweetness of another.

30. Awọ sịrị na ya nụrụ na onye na-abịa n'ụlọ ya maara agba mgba ya were makpuru ala chere ya.

The toad says that he has decided to take a combat posture because he has been informed that the person coming to his house is a good wrestler.

www.ingramcontent.com/pod-product-compliance
Lightning Source LLC
Chambersburg PA
CBHW051852170626
46807CB00003B/1440